예수님께 가까이

-이태리, 이스라엘, 스페인 성지순례 일기-

　고교동창 봉사 모임과 함께한 이탈리아 성지순례와 스페인 루르드 성지순례, 그리고 예수회 후원회의 이스라엘 성지순례에 함께한 여정을 기록한 순례기들을 한데 묶어 책으로 출판하게 됨을 진심으로 축하드립니다. 아울러 해외성지순례를 계획하시는 분들께 참고삼아 읽어보시라고 추천드립니다.

　김순기 도마 교수님과 저는 인연이 아주 깊습니다. 김 교수님은 중고등학교, 대학교 선배이시고, 같은 대학에서 근무한 선배 교수님이시기에 평생지기라고 할 수 있습니다. 대학 시절엔 가톨릭학생회를 통해 함께 활동했고, 대학에선 동료 교수로서 그리고 같은 시기에 잠시나마 함께 주요보직자로 일하기도 했습니다. 게다가 고교 가톨릭 동문 봉사 모임을 함께하며 20여 년을 병원, 시각장애인, 어린이집 등에서 다양한 봉사활동을 함께 해왔습니다. 이 봉사 모임에서 봉사활동 간간이 국내성지도 함께 순례하고, 두 차례에 걸쳐 이탈리아와 스페인 루르드 성지 순례를 함께 했습니다.

선배님께서는 이런 기회들이 있을 때마다 틈틈이 모임이나 행사 후기를 영적 시각에서 단톡방을 통해 나누어 주셨습니다. 게다가 선배님께서는 때로 우리나라에 아직 소개되지 않은 영어 영성 서적을 읽으시며 간간이 번역하시거나, 읽으시며 느낀 영적 단상도 나누어 주셨습니다. 물론 해외 성지 순례 기간에도 매일 밤늦게까지 그날그날의 순례지에 대한 요약정리 및 단상을 단톡방에 나누어 주셨습니다.

　이렇게 모아진 3번의 순례에 대한 글들을 한데 묶어 이번에 단행본으로 출판하게 된 것입니다. 김순기 교수님의 글솜씨는 꾸밈이 없고 솔직담백하여 - 그분의 성품이 그러하듯 - 편안하면서도 어떤 영적 깨달음 앞에서는 교회와 예수님께 대한 깊은 애정을 느끼게 합니다.

　이런 질문이 들곤 했습니다. 평생을 회계학을 연구하고 가르치면서 숫자와 씨름하셨을 분의 글이 어찌 이리 부드럽고 편안할 수 있을까? 선배님이 나누어주신 첫 몇 편의 단상을 읽고 언젠가 선배님께 "순기형, 글솜씨 아주 좋으시네요. 은퇴하시면 글 쓰셔야겠네요!" 이제 그 작은 결실이 구체적으로 출판되니, 그간의 여러 나눔과 노력에 깊이 감사드리며 축하드립니다.

성지순례는 문화 유적을 방문하며 역사의 흔적을 더듬어 보는 문화탐방에 더하여, 그곳에서 예수님을 향한 사랑을 살아간 성인의 삶 속으로 들어가거나, 이스라엘 성지인 경우에는 바로 그곳에서 살고 활동하신 예수님의 삶 한 장면 한 장면 속으로 들어가는 영적 탐방이기도 합니다. 순례지에서 만나는 성인들의 삶을 통해 그분들이 삶으로 표현한 하느님 사랑의 신비를 향한 여정으로서의 순례입니다. 이런 성지순례의 참뜻이 김순기 교수님의 순례기에 잘 드러납니다. 이런 이유에서 해외성지순례를 계획하시는 분들이 참고삼아 영적 여정을 준비하는 의미에서 읽어보시도록 추천합니다.

다시 한번 이 순례기의 출판을 진심으로 축하드립니다.

예수회 심종혁 루까 신부

Contents

제Ⅱ부 예수님을 좀 더 가까이 느낀 여행, 이스라엘

제III부 성인들과 함께 주님께로 나아가는 여행, 스페인

프롤로그

저는 교수로 재임한 지 30년 이상이 지나서 정년을 앞두고서야 겨우 뒤늦게 철이 조금씩 들기 시작한 것 같습니다. 바쁜 것을 서서히 접기 시작하면서 지난 세월의 제 삶을 돌이켜보니 저는 철부지로 살았습니다. 해서 이젠 예수 그리스도를 좀 더 잘 알고 또 좀 더 가까이 그분께 다가갔으면 좋겠다고 생각하고 있습니다. 반세기 전에 세례를 받은 사람으로선 부끄러운 고백입니다.

그래서 해외성지순례를 계획하게 되었고, 주님의 은총으로 저는 2017년부터 2019년까지 차례로 이태리, 이스라엘, 그리고 스페인 성지순례를 다녀올 수 있었습니다. 이점 주님께 감사드립니다.

성지순례의 목적도 역시 예수 그리스도께 조금 더 다가가기 위해서입니다. 제가 2017년에 첫 번째로 다녀온 해외성지는 이태리입니다. 저는 이태리 성지순례를 한마디로 '주님과 함께 한 명품 여행'이라고 명명했습니다.

스티브 잡스는 "소크라테스와 오후 한나절만 보낼 수 있다면 나는 애플의 모든 것을 걸겠다."고 얘기했다고 합니다. 이는 물론 기업경영에 있어서 인문학의 중요성을 강조하는 얘기입니다. 헌데 저는 이번 이태리 성지순례에서 오후 한나절이 아니라 10일 가까이 매일 종일토록 주님을 성실히 따르고 사셨던 많은 성인들과 대화를 나누었으며, 또한 주님을 찬미 찬송하는 수많은 걸작들을 감상하며 보냈습니다. 이같이 주님 안에서 주님과 함께 한 여행이었기에 이번 이태리 성지순례는 제 나름대로 명품 여행이었던 것입니다. 이 여행은 DCC회우들과 함께 하였는데, DCC는 동성고 출신 천주교 동문모임(Dongsung Catholic Community)이고 한 달에 한 번 매주 토요일에 만나서 봉사활동을 합니다.

제가 2018년 두 번째로 찾아간 해외성지는 이스라엘입니다. 마침 이때 저는 대학에서 퇴임을 하였고 또 저의 윗동서는 회사에서 퇴임을 하셔서 우리 부부와 동서 부부는 함께 예수회 후원회 성지순례 프로그램에 신청하여 이스라엘에 다녀온 것입니다. 저는 이스라엘 성지순례를 '예수님을 좀 더 가까이 느낀 여행'으로 묘사했습니다. 이스라엘 성지순례에서 저는 예수님께서 태어나셨고 복음을 선포하시고 병자들을 고쳐주셨고 고통당하시고 돌아가셔서 부활하신 수많은 현장들을 접하고 보았습니다. 이는 저에겐 인간으로서의 예수님을 더 가까이 느끼면서 알아갈 수 있는 계기가 되었습니다. 이스라엘 성지 곳곳에선 복음서에 문자로 묘사된 예수님의 모습들이 리얼하게 떠올라 마치 성경이 그냥 펼쳐지는 것과 같은 느낌을 받았습니다.

가장 최근에 다녀온 성지는 스페인입니다. 이 여행도 DCC회우들과 함께 하였습니다. 저는 스페인 성지순례를 '성인들과 함께 주님께로 나아가는 여행'이라고 표현하였습니다. 저는 이곳에서 하느님의 무한하신 사랑에 보답하고자 노력하는 성인들, 예술가들, 그리고 교회의 눈물겨운 열정과 집념을 보았습니다. 저도 스페인 성지순례에서 이분들을 본받아 주님께로 나아가길 더욱 희망하게 되었습니다.

흔히 인생은 잠시 왔다가 지나가는 여행으로 간주합니다. 이러한 저희 인생은 결국 예수 그리스도를 향한 여정이라야 의미도 있고 가치가 있다는 것을 저는 깨닫기 시작하였습니다. 그래서 저는 앞으로도 예수 그리스도께 더 가까이 다가가는 순례여행을 계속하고 싶습니다. 여기서 소개된 순례여행들도 또한 순례기 '예수님께 가까이'의 출간도 모두 예수 그리스도께 가까이 가려는 저의 작은 노력의 일환일 것입니다.

　이러한 노력이 자그마한 결실을 맺고 예수 그리스도를 향한 한 걸음을 내딛기까지에는 많은 분들의 사랑과 격려에 크게 힘 입었습니다. 우선 저와 함께 각각 이태리, 이스라엘, 그리고 스페인 성지순례를 갔던 모든 분들께 감사드립니다. 특히 이태리 와 스페인 성지순례에서 저희들을 지도해 주셨던 심종혁 루카 신부님과 이스라엘 순례에서 지도해 주셨던 이헌준 베드로 신부 님께 감사드립니다. 순례 중 매일 미사를 집전해 주시고, 주옥같 은 강론 말씀을 해 주셔서 저희의 순례는 한결 풍요로웠고 은혜 로웠습니다. 마지막으로 상업성도 없는 이 책의 출간을 기꺼이 맡아주시고 고생해 주신 ㈜샘앤북스의 이낙규 사장님께도 감사 드립니다.

제
Ⅰ
부 /

주님과 함께 한
명품 여행,
이태리

'17. 2. 1. ~ 2. 1ㅁ.

" 주님과 함께 한 명품 여행, 이태리 "

제1장 로마로

'17. 2. 1. (수) 맑음

하느님께 한 발짝 더 나아가길 빌며

어릴 적에 어쩌다 하늘 높이 나는 비행기를 보면 나도 어른이 돼서 저 비행기를 실컷 타봤으면 좋겠다고 생각했었던 적이 있었다. 막연히 하늘에서 보는 세상은 별천지일 거라는 기대 때문이었을 지도 모른다. 따지고 보면 오늘, 그런 어릴 적 소박한 꿈 하나가 실현되고도 넘친 날이었다. 오늘 인천공항에서 로마까지 대략 비행시간으로 12시간을 꼬박 하늘에서 보냈고 쉼 없이 이동한 거리만 9300여 킬로미터였다.

좌석 앞에 모니터에 나타난 항로를 보니 우리를 실은 비행기는 영종도를 이륙하여 서해를 건너 중국 베이징과 몽골 울란바토르를 지나 러시아 모스크바를 거쳐 헝가리 부다페스트까지 거친 끝에 드디어 로마공항에 착륙하였다.

떠날 적 서울 아침 기온이 섭씨 영하 4도였는데 로마 저녁 기온은 영상 14도로 약 20도가량 기온차를 보인다. 아무튼, 오늘 비행기 한번 원 없이 탔다. 게다가 이콘스탄티노 형제가 애써준 덕분에 우린 프리미엄 좌석을 배정받아 편하게 왔다. 이 또한 감사할 일이다.

귀중하게 마련된 이번 동성고 가톨릭 동창의 부부동반 성지순례는 DCC 회원으로선 여러모로 뜻깊은 행사라 여겨진다. 우선 지도신부님 역시 동문이라는 점에서 이 순례는 특이하다. 또한, 지난 2년여 동안 차분하게 준비한 끝에 일곱 쌍의 부부가 바쁜 중 함께 시간을 내어 참여하게 되었다. 또한 여행의 주목적이 성지순례이다. 각자는 성지를 돌아보면서 신앙생활에 도움을 받을 것으로 기대된다. 마지막으로 무슨 여행이든 여행은 일상생활에서 벗어남으로 여유를 갖고 넉넉히 삶을 돌아보게 한다.

영성가들은 우리 삶 자체도 본질적으로 하느님께 회귀해야 하는 여행이라고 설명한다. 해서 난 이번 순례여행이 우리들 모두 하느님께 한 발짝 더 나아가는 여행이 되길 빈다. 아울러 이를 계기로 모든 DCC 부부들이 보다 거룩한 성가정을 꾸려나가는 가운데 주님의 풍성한 은총을 받게 되길 빈다.

미사참례가 기도 중의 으뜸이라 들었다. 내일부턴 일어나자마자 미사로 하루 일정이 시작되니 이 또한 은혜로운 일이다. 이제 지친 몸을 달래며 눈을 감는다. 존경하올 우리 프란치스코 교황님께서 살고 계신 여기 로마 땅에 우리 주님께서 "DCC 형제들아, 사랑하는 배우자와 먼 길까지 성지순례 오느라 수고했다."라고 말씀해주실 것이라고 믿으며 잠을 청해본다. 주님 오늘 하루도 저희들을 지켜주시고 미약하온 저희들에게 많은 은총 내려주심에 감사드립니다. 아멘.

제2장 폼페이

'17. 2. 2.(목) 흐린 후 갬

하느님 앞에서 보다 성숙된 모습을

이태리에서 첫날이다. 조식 전 새벽미사로 일정이 시작되었다.
마침 오늘이 주님봉헌축일이다. 모든 걸 버리고 주님을 따라나
선 성직자와 수도자를 위한 날이기도 해서 우리는 미사 중 마음
속으로 모든 수도자들, 그중에서 특히 현재 미사를 집전하시는
심루카 신부님의 영육 간의 건강을 위해 기도하였다. 심 신부님
께선 강론을 통해 많은 은총을 허락하신 좋으신 주님께 봉헌하
는 삶을 살자고 말씀하셨다.

오늘 일정은 성지순례라기보다는 관광에 가깝다. 조식 후 8시에 숙소를 출발한 버스는 남쪽으로 3시간 반 정도를 달려 폼페이 유적지에 도착하였다. 입구엔 수백 년 이상의 수령을 지닌 잘생긴 큰 나무들이 우릴 환영하듯 길 양편에 도열해 있다. 우리가 태어나기 훨씬 전부터 여기에 있었고, 또 우리가 세상을 떠나도 이곳에 서 있을 나무들을 보면서 보다 겸허히 살자는 생각이 혹 지나간다.

거의 2000년 전 갑작스런 인근 베수비오(Vesuvio)산 화산폭발로 여기 폼페이에 살던 전체 인구 약 25,000명이 화산재에 파묻혀 졸지에 무참히 생매장되었던 곳이 한참의 세월이 흐른 뒤 발견되었다. 덕분에 유적유물이 인간들에 의해 훼손당하지 않아 그 보존상태가 비교적 좋다. 분출된 화산재에 덮여 도시 전체가 약 1700년간 모습을 감췄다가 18세기에 발견되어 이곳에선 지금까지 발굴 및 복원작업이 계속되고 있다.

거기엔 2000여 년 전에 건축된 일반 서민의 가옥들과 지도층 인사 및 부유한 상인의 저택은 물론 현무암으로 포장된 큰 길거리와 골목길, 상가에 목욕탕과 매음굴, 바실리카와 공회당과 반원형 야외대극장과 (시간관계상 가보진 못한) 콜로세움, 그리고 마치 페르시아산 카펫을 연상시키는 모자이크로 만든 방바닥 그림까지 유적지의 규모와 유물의 생생함 등이 저절로 감탄을 자아내게 한다.

폼페이의 유적들을 접하는 순간, 난 몇 해 전 방문한 터키 에페소 유적이 떠올랐다. 그곳에서도 로마유적들을 보면서 역시 감탄했었다. 그곳 유적들은 자재가 주로 대리석이었고 보다 웅장한 느낌을 주었는데, 대부분 공공건축물로 구성되어서 폼페이에 볼 수 있는 서민 주택 등을 포함한 당시 일상 생활상은 잘 부각되지 않았다. 해서 같은 로마유적지라도 폼페이가 개인적으론 더 친숙하게 느껴진다.

유적들을 돌아보며 나오는 길에 마지막으로 이곳에서 발굴된 유품, 가구, 도자기 등 생활용품과 함께 참변을 당했을 당시의 모습이 고스란히 생생하게 보존된 석고 시신들도 보았다. 그중 나귀와 함께 발굴되었다는 마부인 듯한 남자의 석고상은 쭈그리고 앉아 마치 기도하는 듯 아니면 참기 어려운 유황 가스의 흡입을 조금이라도 차단하려는 듯 고통 속에서 두 손을 모아 코와 입에 가져다 대고 있었다.

갑자기 들이닥친 화산재로 당시 그 순간 살던 모습 그대로가 마치 돌아가던 동영상 필름이 정지된 채로 드러나 있었다. 이를 보고 잠시 난 순간순간을 어떻게 살아야 하는지에 대해서 생각해 보았다. 오늘 폼페이 방문을 계기로 모든 것을 다 지켜보고 계시는 하느님 앞에서 보다 성숙된 모습으로 생활해보자고 마음먹으며 발걸음을 인근 식당으로 옮겼다.

어제는 원 없이 비행기만 탔다면 오늘은 원 없이 버스를 탔다. 로마에서 폼페이, 소렌토와 나폴리해변을 거쳐 S. 지오바니 로톤도까지 이동 거리는 약 550킬로미터였으며, 오전 8시에 출발해 꼬박 12시간이 흐른 후 오후 8시에 숙소에 도착했으니 폼페이 유적지 관광 및 점심, 그리고 소렌토를 내려다봄과 나폴리해변 산책 등에 소요된 시간을 빼면 우린 꼬박 약 8시간 동안을 이동 중인 버스 안에서 지낸 셈이다. 여기에는 이태리 서해 티레니아 해변에서 이태리 반도를 동서로 관통해 이태리 동해 아드리아해까지의 이동도 포함된다.

세계 3대 미항 중 하나로 알려져 기대를 갖고 찾아간 나폴리는 솔직히 말해 기대 이하였다. 해변에 로마 시대에 건축된 고성이 있으며 뒷면엔 언덕이 있다는 점에선 나폴리는 터키 안탈리아와 유사한데 안탈리아에는 섬은 안 보여도 그 뒷면엔 높이가 2000미터가량 되는 토러스 산맥이 병풍처럼 둘러싸고 있어서 안탈리아가 훨씬 더 인상적이었다.

나폴리는 그 뒷면 높은 언덕에 위치한 마르티노 수도원에 올라가서 봐야 그 진면목을 알 수 있다고 가이드가 귀띔해준다. 그래서 일정상 가지도 못한 언덕 위 수도원에서 내려다보는 나폴리의 모습을 상상해본다. 거기서 나폴리를 내려다보면 왼쪽으론 소렌토 해변까지 연결되는 오목하고 커다란 만이 형성되어 있고 좀 더 왼쪽 편 육지엔 화산이 폭발되었었던 베수비오(Vesuvio)산 정상에서 해변까지 완만한 경사를 만들며 내려온 스카이라인이 펼쳐지고 있으며, 바로 정면 앞엔 고성들을 포함한 나폴리 도심이 자리 잡고 있다. 또 오른쪽 바다 위엔 아름다

운 휴양지 카프리섬이 자리 잡고 있기에 요트의 한 무리가 자유
롭게 떠 있는 나폴리가 미항이리라.

헌데 나폴리가 진짜 미항이건 아니건 그게 도대체 무슨 상관
이란 말인가! 산책하기 딱 좋은 날씨인 섭씨 14~15도 기온에 보
드라운 바닷바람을 맞으며, 어느새 할머니가 된 아내를 애인으
로 잠시 착각하면서 함께 이곳 젊은 남녀들이 쌍쌍이 나와 데이
트하는 나폴리해변에서 잠시 산책을 즐길 수 있다는 것이 세상
에 더할 나위 없이 행복한 추억인 것을!

오늘 밤 묵을 숙소 Gran Paradiso 호텔에 도착하니 호텔 입구
엔 비오 성인(동상)이 우릴 맞아주신다. 이뿐만 아니라 호텔방안
침대 머리맡 벽에도 비오 성인 초상화가 걸려 있다. 비오 신부
님께선 "오늘 잘 자고 내일부턴 본격적으로 성지순례 잘 하거라"
하고 일러주시는 듯하였다. 난 잠자리에서 그간 내게 아무런 부
족함 없이 필요한 모든 것을 베풀어 주시고 계신 주님께 보다
적극적으로 봉헌하는 삶을 살자고 다짐하면서 잠을 청하였다.

제3장 란치아노

'17. 2. 3.(금) 흐린 후 맑음 그 후 다시 흐림

성체가 정말로 그리스도의 몸

신부님께서는 미사 중에 오늘 돌아볼 성지에 대해 간략히 안내해 주시면서 특히 란치아노 순례 중 성체의 의미를 깨닫고 성체에 대해 묵상하며 순례하면 좋겠다고 말씀하신다. 미사 후 조식을 마친 일행은 걸어서 10여 분 거리에 있는 성 비오 신부님께서 묻혀계신 성당으로 향했다. 아침 햇살을 맞으며 성당까지 연결된 나지막한 언덕길을 오르는 데 무척이나 상쾌하다.

비오 신부님께서 생전에 미사를 드렸던 수도원 옛 성당을 먼저 찾아갔다. 1918년에 오상을 받은 신부님께선 1968년 선종하실 때까지 50년간 이곳에서 매일 미사를 집전하셨는데 신부님께

제일 중요한 일은 미사를 드리는 것이었다 한다. 미사의 중심은 성체성사이다.

 난 66년에 동성중학교에서 영세를 받고 그간 이렇다 할 의미 있는 지향점도 꾸준히 갖지 못하고 50년이란 세월을 훌쩍 넘겼다. 오늘 성 지오바니 로톤도 수도원 옛 성당에 들어와서 오상의 비오 신부님을 생각하며 난 앞으론 미사참례를 자주 하든지 아니면 성체조배라도 보다 열심히 하고자 마음먹으며 그간 엉망이었던 나 자신을 조심스레 달래고 있었다.
 옛 성당과 내부가 통해져 있는 그 옆 수도원 새 성당에서 마침 이곳 수사 신부님께서 신자들 한 사람씩 차례로 목에 십자가를 대어주며 기도를 해주셔서 우린 특별한 기도를 받는 은총도 맛보았다. 목을 보호해주는 기도라 한다. 목을 사용하는 직업을 가진 난 뜻하지 않은 횡재를 만난 기분이 들었다. 그 후 비오 신부님께서 고해를 주셨던 고해소를 둘러보았다. 비오 성인께선 생전에 고해성사를 주시는데도 무척 정성을 기울이셨다고 한다.

 발걸음을 아래로 돌려서 이동해 현대식으로 지은 아름답고도 커다란 건물로 들어서니 그 층엔 엄청나게 큰 다목적 원형 성당 겸 집회 장소가 있다. 아래층으로 내려가 보니 라운드형의 긴 복도가 나오는데 그 복도를 따라 양 벽에 아름답고 단아한 모자이그 14처 그림이 전개된다. 심 신부님께선 이 작품은 세르비아 출신 한 예수회 사제의 작품으로, 제법 알려진 유명한 작품이며 신부님 자신도 그중 일부는 최근 몇 년간 성탄 카드로 사용했었는데 이곳에서 보게 될 줄은 몰랐다고 설명해주신다.

복도를 지나니 드디어 성 비오 신부님의 유해가 안치된 성당이 나온다. 성당 분위기가 화려하고 밝아 일생동안 오상의 고통을 지니고 생활하신 비오 신부님의 생애와는 묘하게 대비된다. 한눈에 보기에도 신부님을 추모해서 물질적 빨랑가를 바치고 있는 신심 깊은 신부님의 추종자들이 많다는 것을 직감할 수 있었다.

난 유해 사진 찍기에 앞서 그 앞에서 가톨릭 신자로서 존경의 마음을 표하는 의미로 성호를 그었고 사진을 찍은 후 잠시 목례를 하고 물러났다. 그러면서 아! 이것이 돌아가신 성인과의 통교가 아닌가 하고 생각하였다. 내가 무엇이 필요한지를 다 아시고 계신 주님께선 비오 성인과 잠시 통교한 나를 불쌍히 여기사 비오 성인의 중개로 은총을 내려주시리라 믿는 것이다.

사진을 찍은 후 잠시 성당에 앉아 가족들을 위해서 기도하는 중에 앞으론 성체조배를 자주 드려야 하겠다고 또다시 마음먹으며 성당을 빠져나왔다. 참으로 아쉬운 순간이었다. 괜스레 오늘 같은 날은 성당 내에서 기도와 묵상을 하거나 아니면 하다못해 아무 생각 없이 쉬면서 그냥 오래 머무르고 있으면 그 체류 시간에 비례해서 은총을 그만큼 더 많이 내려주실 것 같은 생각이 드는데 후다닥 사진 도장만 찍고 나오는 일정이 못내 아쉬웠던 것이다.

호텔로 돌아오는 길은 내려오는 길이라 그런지 아니면 성 비오 신부님을 통해 은총을 듬뿍 받아서 그런지 왠지 발걸음도 조금 전 성지로 향할 때보다 훨씬 더 가볍고 마음도 마치 바람에 날리는 깃털처럼 성 지오바니 로톤도시 전 지역을 날아다닐 것만 같았다.

1시간여 이곳 성지순례를 마친 일행은 9시가 조금 지나 버스에 몸을 싣고 다음 순례지인 란치아노로 떠났다. 란치아노는 성체 기적이 일어난 곳이다. 8세기에 이곳 한 성당에서 제병은 살로 변했고 포도주는 피로 변했는데 1971년 과학적인 검사를 통해서 그간 보관되었던 그 피와 살이 진짜로 인간의 피와 살이란 것이 밝혀진 것이다.

11시 반 경에 란치아노 성당에 도착했는데 12시부터 3시까진 성당 문이 닫히는데, 우린 기다림 없이 운 좋게 12시 이전까지 성체 기적이 일어난 성당에서의 순례를 마칠 수가 있었다. 이것도 은총이 아니고 무엇인가! 조금만 늦었으면 이곳 성지순례는 아쉽게도 놓칠 뻔했었다. 이같이 주님께선 우리가 모르는 사이에 그냥 우릴 위해 모든 걸 마련해주신다고 생각하니 기쁘고, 감사하다. (매사에 이렇게 감사하고 기쁘게 생각하니 성지순례를 와서 내가 정말로 은총을 많이 받아 좋게 변해가고 있는 것일까, 아니면 분위기에 쉽게 동화되고 잊어버리고 마는 일시적인 현상일까? 어찌 되었어도 그냥 좋다. 적어도 이 순간만은.)

성체의 기적이 일어난 현장에서 그 피와 살을 보면서 성체성사를 세우신 예수님을 생각했다. 앞으론 성체와 성혈을 모실 때마다 란치아노 성지의 성체기적을 떠올리며 우리 주님과 더 일치되는 삶을 살았으면 좋겠다고 꿈꿔 본다. 성인들이 보여주셨던 것처럼 성체를 모시면 내 안에 주님이 계시니 내가 하는 모든 것이 주님께서 하시는 것이라고 허물 덩어리인 내가 그렇게 생각하는 것은 겸손치 못함일까!

순례를 마치고 성당을 나와 인근 이태리 식당으로 가려고 골목길로 들어서는데 한 노인 수녀님이 지나가다 우릴 보고 계속 걸으면서 이태리어로 뭐라 말씀하신다. 이윽고 나타난 어떤 성당 앞에선 그 수녀님은 더 안타깝다는 듯 손짓을 하며 뭐라 설명을 하신다. 유학 가서 첫 학기 강의를 들을 때 담당 교수가 뭔가 시험에 나올 것 같은 감이 잡히는 중요한 얘기를 하는 것 같은데 제대로 못 알아들어 답답했었던 기분을 여기서 또 오랜만에 느꼈다.

그사이 난 우리 일행을 놓쳐서 하마터면 점심도 못할뻔하였다. 이 말은 물론 다소 과장된 것이다. 자상한 우리 회장과 총무는 말할 것도 없이 기 동문, 한 동문, 김 동문, 그리고 존경하는 황 선배님은 이것저것으로 분주한 내가 뒤처지기만 하면 함께 있는 7명의 착하고 어여쁜 신부들과 신부님은 내버려 두고서라도 한 마리 길 잃은 양을 찾아 나서니, 그저 DCC 형제들이 고마울 뿐이다.

오늘 로컬 점심은 자그마한 이태리 식당에서 주인아주머니와 그 딸이 정성 들여 맛있게 요리한 스파게티와 폭찹을 하우스 와인에 곁들여 먹고, 파운드 케이크와 에스프레소로 끝을 내니 이보다 좋을 수가 없다. 우리는 정감 나는 이 로컬식당에서 한참을 수다 떨며 즐겁게 보냈다.

내려가는 중에 길에서 만났던 노수녀님이 설명했던 그 성당에 잠깐 들어갔다. 성당 안엔 서너 명의 신자들이 열심히 성체조배를 하고 있었다. 그 성당 오른쪽에 마더 테레사의 사진이 있는데 그 바로 위편에 막시밀리아노 마리아 콜베 신부님 전신상이 실물 크기로 모셔져 있다.

콜베 신부님은 나치 시절 수용소에서 다른 사람 대신 돌아가셨고 나중에 성인품에 오르신 분으로 기억된다. 그야말로 친구를 위해 아니면 양을 위해 목숨을 내놓으신 거룩하신 사제셨다. 이 성당과 콜베 신부님이 깊은 관련이 있는 듯하였고 아마도 콜베 신부님을 존경했던 마더 테레사가 이곳을 방문했던 것이 아닌가 하고 소설을 써보았다. 아무튼, 이 두 분은 모두 사후에 성인품에 오르셨다.

란치아노에서 아무런 계획도 없었는데 한 성당에서 콜베 성인과 마더 테레사 성인을 만난다는 것도 은총이 아니겠는가! 그렇다 우린 사실 엄밀히 생각해 보면 이 세상에 태어난 것도 또 사는 것도 다 기적이요, 한 발짝 움직일 때마다 도처에 주님께서 뿌려놓으신 기석늘을 만나고 있는 것인 줄도 모른다.

란치아노에서 수비아코로 이동하는 도중 조금 전 점심때 기분이 좋아 과식을 한 탓인지 갑자기 화장실이 가고 싶어졌다. 헌데 이곳은 산악지역이라 한참을 가야 화장실이 있단다. 정말 큰일 났다. 난 온갖 노력을 기울이고 성모송도 바치며 한 시간 동안 불상사를 막으려고 말없이 자신과의 사투(?)를 벌였다. 한편으론 사려 깊지 못하게 과식과 과음을 한 자신을 꾸짖으며, 또한 편으론 그렇지 않아도 고통 중에 있는데 생리적인 현상이니 괜찮다고 자신을 위로해 가면서…… 드디어 휴게소가 나타난다. 구세주를 만난 것처럼 기쁘다. 당분간 이 한 시간이 내 일생에서 아마도 가장 긴 한 시간으로 기억될 것 같다. 이렇게 다급해지니 성모송이 제일 먼저 암송된다. 그리고 성모송을 바칠 적에 마음과 몸이 편안해짐을 경험했다. 이렇게 급할 때 도움을 주신 성모님께 평소에도 자주 묵주기도를 드리며 가까이 모셔야 하겠다고 다짐해 본다.

수비아코엔 저녁 6시가 다 되어서 수도원을 닫기 바로 직전에 도착했다. 깊은 산중이라 수도원 들어가는 산속 길은 온통 깜깜하다. 일행은 거의 막차로 간신히 수비아코 동굴 수도원에 입장할 수 있었다. 이곳은 로마 생활에서 특히 지식인들의 부조리와 부패에 염증을 느낀 베네딕도 성인이 은둔생활을 하려고 들어오신 곳이다.

성인은 3년간 은수 생활 중에 기적도 행하시며 성덕을 쌓으셔서 명성이 차츰 높아지자 인근 수도원 원장으로 부름을 받아 수비아코를 떠나셨다. 헌데 그곳 수도자들의 시기와 질투로 목숨을 잃을 위험에 처했다가 기적적으로 살아나셨다. 해서 다시 수비아코로 오신 성인이 수많은 수도원을 짓게 되자, 이번엔 인근 지역 사제가 질투와 방해를 한다. 이에 염증을 느낀 성인은 수비아코를 떠나 몬테카시노로 옮겨 가셨다. 수비아코 동굴은 성인께서 하느님을 만나 그분 안에서 참 평화와 기쁨을 만끽하셨던 곳이었다. 이상이 베네딕도 성인에 관해 책에서 소개된 내용이다.

우린 동굴 수도원 안 경당과 베네딕토 성인 성상 앞에서 잠시 묵상하고 사진을 찍은 후, 성인께서 고행했던 장미 넝쿨도 보고 성물 판매소를 들른 후 밖으로 나왔다. 아마도 우리가 떠나면 수도원 문을 닫으려고 나온 듯한 한 수사 사제와 수도원을 배경으로 사진을 함께 찍는 것을 끝으로 수비아코 수도원에서의 성지순례 일정이 마무리되었다. 깊은 산속 동굴 수도원에서 하룻밤이라도 지냈다 가고 싶다는 사치스런 꿈을 남긴 채 우린 수비아코를 떠나 로마로 돌아왔다.

오랜 교수 생활로 지식인들을 접할 기회가 많았던 난 당시 지식인들의 위선과 부조리 등으로 환멸을 느끼셔서 로마 생활을 접으신 베네딕토 성인의 당시 기분이 어떤 것인지를 조금은 알 것 같다는 생각이 든다. 그리고 베네딕도 성인 주변에 성직자들의 질투와 시기가 당시에도 난무(?)한 것 같은 느낌을 받으며 난 성직자도 아니고 또 지식인이라고 말하긴 부끄럽지만, 앞으론 더욱더 책임감을 느끼며 내 신변을 보다 깔끔하게 정리하여야 하겠다는 생각을 가져 보았다.

오늘 성지순례 일정을 마치면서 난 다음과 같은 생각을 하였다. 성 지오바니 로톤도에서 만난 비오 성인처럼 주님을 위해서 고통을 견디면서 고통을 당하고 있는 이들과 함께하기로 노력하자. 그리고 란치아노 성체의 기적현장을 가서 보곤 성체를 그리스도의 몸으로 더욱 확고히 믿으며 성체조배를 더 자주 하기로 노력하자. 그리고 수비아코 동굴 수도원에서 베네딕토 성인을 만나선 지식인이라고 하는 헛된 위선의 굴레에서 탈출하여 주님만을 믿고 따르겠다고 다짐해 보았다. 난 오늘 동굴 수도원 입구에 비치된 방명록에 "주님 당신 때문에 행복합니다."라고 써 놓고 나왔다. 그렇다. 이제부턴 "행복해지기 위해서라도 주님 당신만을 믿고 따르렵니다."라는 생각으로 살아갔으면 좋겠다.

" 주님과 함께 한
명품 여행, 이태리 "

제4장 아씨시

'17. 2. 4.(토) 흐림

예수님을 닮은 프란치스코 성인을 만나다

오늘은 호텔 사정으로 6시 30분에 조식을 먼저 하고 7시 10분에 신부님 숙소에서 미사를 드렸다. 좁은 호텔 방에서 15명의 남녀가 오손도손 의자 위는 물론 침대 위건 아랫바닥이건 정답게 앉아 미사를 드리니 로마 초대 교회의 일원이 된 것 같기도 하고, 한국 박해교회의 일원이 된 것 같기도 하다. 좀 과장됐나?

프란치스코 성인이 세우신 프란치스코회는 비조직적인 마인드를 지니신 프란치스코 성인의 영향을 받아서인지 중구난방 여러 갈래로 성장했었는데, 나중에 교황청에서 프란치스코회를 콘벤

투알, 카푸친회, 그리고 본류인 작은형제회 등의 세 분회로 조정해 주서서 현재까지 지속되고 있다 한다. 가령 어제 순례한 란치아노 성체기적의 성당은 콘벤투알에서 관리 운영하고 있으며, 성 지오바니 로톤도 오상의 비오 신부님 성당은 카푸친회에서 맡고 있고, 또 오늘 순례하게 될 아씨시 성당은 당연히 작은형제회 소속 성당이다. 이같이 프란치스코 수도회는 성당을 관리 운영함에 있어 가톨릭교회에 큰 기여를 하고 있는 것이다.

성 프란치스코 성인은 지금까지 지구상에 태어났던 사람들 가운데서 그 생각과 언행 등 모든 측면에서 예수님을 가장 많이 닮은 사람으로 추앙받고 있다. 하다못해 예수님처럼 마굿간에서 태어났으며, 오상을 받으셨고, 12명의 형제(일종의 동반추종자)를 두었는데 그중 한 명이 성인을 배반했으며, 인간뿐만 아니라 조물주께서 만들어내신 동물들까지 사랑하셨고, 특히 가난한 사람들을 가엾이 여기시고 자비를 보이시며 사랑을 베푸신 것 등이 놀랄 정도로 예수님을 닮으신 것이다. 오늘 아침 미사에서 이상의 설명을 마치신 심 신부님께선 특별히 오늘 아씨시 성지 순례 중 성 프란치스코 성인을 만나면서 성인을 본받아 가난하고 고통받는 형제들을 위해서 측은지심 자비심을 가질 수 있게 도와주십사 우리 모두 주님께 은혜를 청하자고 말씀하셨다.

언덕 위에 자리 잡고 있는 아씨시 성지는 원래 죄수들이 묻혀 있었던 공동묘지였다 한다. 평생을 가난하고 소외된 사람들을 위해 헌신하셨던 프란치스코 성인께서는 해골산 골고타 언덕을 생각하면서 죽으면 죄수들이 묻혀있는 이곳 아씨시 언덕에 묻어 달라는 유언을 남기셨다고 한다. 프란치스코 성인께선 죽은 후에도 세상에서 버림받았고 가난했던 사람들을 끔찍이 사랑하시어 함께 하고자 하셨으니 고개가 절로 숙여질 뿐이다. 그래서 이곳에 프란치스코 성인을 추모하는 기념성당이 세워졌고 그 결과 아무도 찾는 이 없었던 황량하고 버려진 땅, 죄인들의 묘지 아씨시가 전 세계에서 프란치스코 성인을 존경하며 또 본받기 위해 수많은 순례객이 찾아와서 은총이 넘치는 살아 숨 쉬는 땅 거룩한 성지로 탈바꿈하게 된 것이다.

성인의 기도문에 나타나 있는 것처럼 성인께서는 세상에서 '… 절망이 있는 곳에 희망을, 어두움에 빛을, 슬픔이 있는 곳에 기쁨을, 그리고… 등등을' 가져오신 것이다. 이것이 기적이 아니고 또 무엇인가! 주님께서 하시는 일, 그리고 주님을 따르는 주님의 사랑받는 아들 프란치스코 성인이 하시는 일은 우리 눈엔 그저 놀랍기만 한 것이다. 이 대목에서 난 우리나라 역대 대통령들과 그에 준하는 리더들이 소위 명당자리만 찾지 말고 우리 프란치스코 성인을 본받아 모두 버려진 땅에 묻혔다면/묻힌다면/묻힐 거라면 우리나라는 어떻게 되었을까/될까라는 다소 엉뚱한 생각도 해보았다.

성인은 꿈에 무너져가는 교회를 세우라는 천사들의 계시를 받고 한 땐 성당을 수리하고 보수하는 일에 몰두하셨는데 여기서 교회란 물리적인 교회 건물(a church)이 아니라 당시 부조리한 가톨릭교회(the church) 자체의 쇄신을 의미하는 것을 잘못 이해한 것이었다. 헌데 성인과 성인이 만든 수도회는 항상 교회권위에 순종하며 행동하여 결과적으로 당시 무너져가는 가톨릭교회를 지탱시키는데 큰 버팀목이 되었다. 가령 성인께서 새로운 수도회를 설립하기 위해서 로마로 가서 청원하였을 때 당시 교황 이노센트 3세께서는 처음엔 부정적이었는데 꿈에 무너져가는 라테란 바실리카를 지탱하며 서 있는 "작고 가난한 사람"을 본 후 마음을 바꿔 허락하셨다 한다. 부유한 포목상의 아들로 태어나 십자군 전쟁에도 참여했던 성인은 하느님의 아들로 변화된 삶을 사는 자신을 이해하지 못하는 아버지와 결별하고 척을 지고 사셨다. 주님을 따르려면 뒤를 돌아보지 말고 가족들도 다 버리고 떠나라는 성경 구절이 생각난다.

내가 이 성지를 아내와 처음 방문했던 것은 26년 전이었다. 이번이 두 번째이다. 그때 성지를 방문했던 기억이 아름다운 추억으로 남아 있어 아내와 난 또다시 아씨시에 오길 원했었는데 오늘 우리 부부의 작은 소원이 이루어지게 된 것이다. 이에 대해 주님께 감사드린다.

버스에서 내려 계단을 올라 성당 입구 첫 번째 광장에 들어서니 여기서도 무장한 이태리 군인들이 눈에 띈다. 사람들이 모이는 공공장소는 종교시설도 예외 없이 IS의 테러 방지를 위한 고육책으로 소지물 검사 등을 하는 모양이다. 이는 물론 전엔 없었던 광경이다. 검사를 통과한 일행은 가이드를 따라 대성당으로 들어가 성당 내부를 돌아본 후 아래층으로 내려가 지오토 (Giotto)가 성 프란치스코의 행적 등을 그린 프레스코화를 둘러보았다. 가령 지오토가 그린 아씨시 대성당 내 벽화 중엔 '성 프란치스코께서 이집트의 술탄 카밀을 만나다'란 그림이 있는데 이는 십자군 전쟁에 참여했던 프란치스코 성인께서 타 종교의 지도자들과도 대화하고 평화를 지키려고 노력하셨음을 보여 주고 있는 것이다. '성 프란치스코께서 새들에게 강론하다'라는 그림도 눈에 띈다. 동물과도 교감이 통했던 분이셨다.

대성당 성지순례를 마치고 버스로 아씨시 언덕을 내려와 인근 식당에서 심 신부님께서 사주신 화이트와인을 곁들여 라쟈나와 닭고기 요리 등으로 맛있는 점심을 하니 내 마음과 몸 모두가 충족되는 기분이다. 오늘 난 음식을 취함에 있어 어제완 달리 순례자(?)답게 다소 절제하는 미덕도 발휘하였다.

식사를 마치고 우리는 천사들의 성모마리아 대성당 쪽을 향해서 걸었다. 높다란 대성당 정면 맨 꼭대기에 금박을 한 성모마리아상이 모셔져 있어서 멀리서도 눈에 잘 띈다. 2시에 성당 문을 열어서 조금 일찍 도착한 우리들은 담소를 나누며 조금 기다려야 했다.

성당 내 그림과 성상 등 유물들을 많이 비치하고 있는 이곳 대성당들은 보통 사진 찍는 것을 허용하지 않으며 관리자들이 지켜야 하기 때문에 점심시간 동안에는 문을 열지 않는다. 이곳에서도 군인들이 무장을 한 채 모든 순례객들의 소지품 검사를 한다. 검사대를 통과한 일행은 가이드를 따라 대성당에 들어가서 성당 내부를 한번 휙 돌아보고 성당 후문 쪽으로 나가 복도로 들어섰다.

복도 중간쯤에 성 프란치스코 동상이 서 있는데 그 주위 실내 난간에 흰 비둘기 한 쌍이 앉아 있다. 언제나 성인 동상을 지키고 있는 비둘기가 있다고 얘기 들었던 바로 그 흰 비둘기 한 쌍이다. 작년에 이곳을 방문했었던 이 콘스탄티노 형제도 흰 비둘기 한 쌍을 보았었다고 일러준다. 이것이 기적이 아니라면 어떻게 설명할 수 있겠는가! 성인은 생전에 동물까지 사랑했던 분이셨고 새들에게도 설교하셨던 분이셨다. 이 한 쌍의 비둘기는 지금도 꾸준히 성인과 대화를 나누며 사는가 보다. 비둘기를 보면서 생각나는 복음 내용이 있다. 내 기억에 복음 성서를 보면 예수님께서 세례자 요한으로부터 세례를 받으실 때 하늘로부터 "이는 내 마음에 드는 아들이다."라는 소리가 들려왔으며 이때 성령이 비둘기로 임하셨다고 기록되어 있다. 성 프란치스코 동상 옆에 있는 비둘기를 바라다보면서 이곳은 성령이 충만한 곳이라고 생각했고, 또 성령의 인도하심으로 프란치스코 성인을 본받을 수 있으면 좋겠다고 생각했다.

아씨시를 떠난 버스는 동쪽 아드리아 해변에 있는 로레토로 향한다. 성가(the Holy House)의 기념성당을 순례하기 위해서이다. 교황 요한바오로 2세께선 이 성당을 "마리아신심의 진정한 심장부"라고 평하셨다 한다. 전승에 의하면 십자군 전쟁 당시 나자렛에 있던 성모마리아의 집이 천사들에 의해 이곳으로 옮겨졌다 한다.

나는 이번 성지순례 내내 '우리 가정과 가족들을 위해서'라는 지향을 갖고 기도와 묵상을 하고 있다. 로레토에 성가기념 대성당이 있는 줄도 모르고 왔는데, 나자렛에 있었던 성모마리아의 집, 보다 정확하게는 성모마리아의 집을 지탱해준 바로 그 벽으로 둘러싸인 경당 안 검은 성모님상 앞에 서서 성모송을 했다는 사실이 정말 감격스럽다. 왠지 우리들의 중개자이신 성모님께서 '성가'기념 대성당에서 바치는 우리들의 기도는 두 배로 잘 들어주실 것 같다. 난 로레토 성당에서의 이 감격을 되살려 앞으로 더 열심히 가정성화를 위해 묵주기도를 드리고 싶다. 아내와 난 경당주위에 마련된 초봉헌대에서 촛불을 봉헌하였다.

시간을 조금 더 내서 다시 한번 둘러본 로레토 성가기념 대성당은 내부 벽과 천장에 그려져 있는 수많은 성화며 대리석 조각상들, 수많은 경당들과 고해소들, 그리고 중앙제대 뒤편에 모셔져 있는 성모님의 '성가' 등으로 나를 압도한다. 이 모든 것들은 주님을 향한 인간들의 신심이 오랜 세월에 걸쳐 축적된 결과로 만들어진 아름다운 유산일 것이다. 그 찬란하고 거대한 외형들 속엔 정성이 있고 신심이 있으며 무엇보다도 예수님이 살아 현존하고 계신 것이다.

우리가 성당 내부로 입당할 땐 현지 주교님께서 집전한 토요일 특전 미사가 끝나가고 있었고 미사가 끝난 다음엔 성모님의 집, 성가기념 대성당에 걸맞게 제대 옆에서 리드하는 성직자의 '계'와 참석한 신자들의 '응'으로 묵주기도가 바쳐지고 있었다.

누가 유럽 교회가 다 죽어가고 있다고 했는가. 여기 로레토에 와서 봐라! 오늘 내가 가서 본 로레토 성가기념 대성당의 모습은 소문과는 전혀 달랐고, 미사참례를 하거나 묵주신공을 드리고, 또 성지를 순례하며 기도드리는 수많은 신자들을 보고 또 그들과 한마음이 되어 성당 안에서 우리 주님을 섬길 수 있어서 기뻤다.

로레토에서 순례를 마치고 30여 킬로미터 북쪽에 위치한 앙코나에 가서 잠자리에 들었다. 오늘 하루도 아씨시에서 그리고 로레토에서 알찬 성지순례를 하며 보냈다. 주님께 감사드린다. 이렇게 하여 벌써 순례 4일 차가 마감되었다.

" 주님과 함께 한
명품 여행, 이태리 "

제5장 라벤나

'17. 2. 5.(일) 흐림

헛되고 헛되도다

오늘은 오후 순례 도중에 이곳 성당을 빌려 주일미사를 드릴 예정임으로 새벽 미사가 없다. 해서 미사 없이 7시에 아침 식사하러 호텔 0층(그라운드 층) 로비로 내려가니 호텔 전면에 바로 바다가 펼쳐져 있다. 어제 투숙할 땐 늦은 밤에 후문으로 들어와서 우리가 아드리아 해변에 있는 호텔에 묵고 있는 줄 전혀 몰랐다. 뒤늦게 앞이 바다인 것을 파악하곤 무언가 놓치지 말았어야 하는 걸 놓쳤다는 아쉬움에 8시 출발 전까지 우리는 서둘러서 아침 식사를 마치고 해변을 배경으로 사진 찍기와 해변 산책하기 등을 하며 짧지만 대신 진하게 잠시 동심으로 돌아가 시간을 보냈다. 우리가 동심으로 돌아가 해변에서 벌린 즉흥적인 아침 행사의 백미는 평소에 점잖은 최 회장이 연출한 백허그하며 사진 찍기였다. 혹시 진하게 애정을 과시한 커플에겐 DCC에서 후한 상품을 내려줄지도 모른다는 구실을 앞세워 우리 부부들은 너와 나 할 것 없이 카메라 앞에서 한 커플씩 빠짐없이 차례로 마음껏 부부애를 과시하는 대담한(?) 연기를 보였고, 그때마다 나머지 사람들은 환호를 보내며 박장대소하며 즐거운 시간을 가졌다.

지난 며칠 동안 우리들은 부부가 함께 성지순례를 하면서 하느님의 사랑받는 자녀들로서 서로 사랑하고 또 사랑받고 있다는 공감대가 형성되어 있었던 것이다. 이런 일치감에서 우러나오는 행동이 어찌 아름답지 않고 사랑스럽지 않을 수가 있겠는가!

순례 첫날부터 우린 아침에 버스에 오르면 함께 주모경을 바치면서 어제 베풀어 주신 주님의 은혜에 감사드리고 또 오늘 하루도 성지순례를 잘하여 주님께 다가갈 수 있도록 이끌어 주십사하고 기도드리고 있다. 이렇게 우리는 오늘도 주님을 향한 우리 마음을 하나로 묶어서 로레토를 출발하여 우선 산마리노 공화국을 향해 이태리 동쪽 아드리아해를 따라 북상했다.

산마리노 공화국은 바티칸과 모나코 다음으로 유럽에서 세 번째로 면적이 작은 나라이다. 1631년 교황님께서 산마리노를 독립된 국가로 인정하셨는데 그 후 약 200년 가까이 지나 1815년에 체결된 비엔나 조약에 의해 유럽국가들로부터 공식적 국가로 인정받게 되었다 한다. 인구는 약 3만 명이고 관광 수입이 주요 재정 원천이며 인당 소득은 3만6천 불 정도로, 이태리보단 조금 높단다.

버스에서 내려 상가, 대학, 정부청사, 성당, 그리고 공원 등을 지나는데, 성으로 오르는 골목길이 정겹고 아름답다. 아내 손을 잡고 함께 걷는데 약한 무릎으로 고생해 온 아내가 조금은 힘들어한다. 나를 만나 이날 이때까지 고생 속에서도 헌신적인 삶을 살아준 아내가 오늘따라 무척 안쓰럽고 고맙다.

마틴 신부는 그의 저서 '예수님'에서 당시 예수님께선 미션을 수행하실 적에 뜨겁고 먼지 나는 길도 항상 걸어 다니셨으니 우리가 땅을 밟고 걷는다는 것은 (아전인수격으로 해석하면) 예수님을 본받는 의미 있는 행위라고 얘기한다. 이렇게 보면 순례 중에 걷는 것도 다 은총을 받는 행동인 셈이다.

서울에 생전 처음 올라온 촌놈처럼 이곳저곳을 두리번거리며 아내 손을 잡고 걷는 사이에 첫 번째 조망점(Vista Point)에 도착했다. 거기서 함께 단체 사진을 찍고 그 후에도 또 걷기와 찍기를 몇 번 반복하니 저 멀리 정면 쪽 가파른 언덕 위에 우뚝 솟은 높은 성채 하나가 눈에 띈다. 조금 과장되게 표현하면 이 성채는 그렇게 화려하지는 않지만, 남부 독일에 있는 휘센 성과 흡사하다. 시간제약상 우린 그곳을 터닝 포인트로 하고 멀리 보이는 성채를 뒷배경으로 해서 마지막 단체 사진을 찍고 다시 주차장으로 향했다.

내려오는 길에 한 카페에 들러 삼삼오오 짝을 이뤄 아메리카노와 에스프레소 등 커피를 마시며 담소를 나누는데 테이블마다 즐거움이 넘쳐나 기분이 배가 된다. 난 아메리카노를 마셨는데 커피 맛이 정말 좋다. 진하면서도 부드러운데 마지막 커피 한 방울 넘길 때까지 크리미한 맛이 입속에 오래 머문다. 거기다 바깥 선선한 공기와 보슬비에 노출되어 냉기를 느꼈던 몸이 점점 따뜻해지고 뽀송뽀송해지니 기분이 정말 좋다.

카페 벽 위엔 산 마리노국기와 함께 한 손엔 망치를, 또 한 손엔 징을 들고 있는 고대복장을 한 정체모를 사람의 초상화가 눈에 띈다. 난 내 멋대로 그분은 산 마리노의 주보성인 요셉이라고 단정 지었다. 성지순례 왔다고 보이는 초상화는 성당 속이건 상업시설 안이건 무조건 성인일 것이라고 생각하는 난 내가 생각해도 참 단순하고 다소 엉뚱한 것 같다.

12시 10분에 산마리노를 출발해서 이번엔 라벤나로 향했다. 라벤나에 도착하니 1시 30분이다. 먼저 한 로컬식당에 들어가니 넓은 매장이 현지인 고객들로 가득하다. 일요일이라 함께 외식을 즐기는 가족들도 눈에 많이 들어온다. 신부님께서 사주신 와인에 피자, 빵, 리조또, 그리고 숯불로 구운 소고기 스테이크 등을 먹으니 졸음이 몰려온다. 난 애주가가 아닌데도 여기서 마시는 와인은 목에 잘도 넘어간다. 어제에 이어 오늘도 맛있는 점심을 하였다.

일주일 이상 해외여행을 하다 보면 주일을 만나게 되는데 하는 수없이 주일미사를 궐하게 되어 항상 마음이 불편했었다. 오늘 우리는 지도신부님께서 동행해주신 덕분에 라벤나에 위치한 성모마리아 대성당(Santa Maria Maggiore)에서 DCC 순례단만의 한국어 미사를 드릴 수 있게 되었다.

　보통 '무슨 무슨 Maggiore'는 수도 한 곳에만 있게 되는데 이곳이 예전에 서로마제국의 수도였기 때문에 성모마리아 대성당이 되었다 한다. 참고로 로마에도 성모마리아 대성당이 있다고 신부님께서 귀띔해 주신다. 이 성당은 원래 6세기경에 지어진 초기 크리스천 건물 잔재 위에 재건축되어 1671년에 지금의 모습으로 완성된 건물이다. 성당 겉모습도 그렇고 내부도 그렇고 대성당치곤 소박하다 못해 남루하기까지 하다. 그렇지만 이 성당 속에도 그린 지 꽤 오래되어 보이는 아름다운 유화 성화들이 곳곳에 걸려 있었다.

　이태리 땅에서 여행 중에 한국어로 주일미사를 드릴 수 있다는 것이 얼마나 은혜로운 일인가! 주례를 맡으신 지도신부님은 물론 멋진 음성으로 전례를 부드럽게 이끈 최다미아노 회장과 또 오르간 반주로 아름다운 음률을 선사해주신 최 회장의 배우자 가브리엘라 자매님이 고맙다.

　오늘 강론에서 신부님께선 화두로 오늘 독서와 복음 내용을 바탕으로 "세상의 빛과 세상의 소금이란 그 의미가 무엇일까?" 다시 말해 "무엇이 나로 하여금 그리스도인으로서 빛이 되게 하고 소금이 되게 할까?"란 질문을 던지시고 말씀을 이어가셨다. 때론 우리도 이것저것 따지지 말고 예수님을 본받아 스스로가 마치 세속적으로 지혜 없는 사람인 것처럼 행동할 필요가 있다고 말씀하셨다.

"가난한 이들과 함께 나누는 것이 바로 빛과 소금의 역할을 하는 것입니다. 하느님의 신성이 우리 안에 담겨져 있으면, 하느님과 함께 있다는 것을 보여주는 징표들은 가난하고 병들고 고통받는 사람들에게 자신을 기꺼이 내어주는 모습입니다. 바로 이번 순례 중에 우리가 성지에서 만난 오상의 비오 성인과 프란치스코 성인도 아픈 사람 가난한 사람 등 사회적 약자들에게 애정을 지니시고 자신을 내어주는 삶을 사셨습니다. 우리도 성인들의 삶을 본받아 배려와 나눔을 통하여 이기적인 자아에서 벗어나 이타적인 사람으로 변환하도록 다 같이 주님께 도움을 청하는 삶을 사십시다."

이번 순례 중에 신부님께서 강론 말씀을 통해 일관성 있게 강조하신 내용은 약자에 대한 배려와 남을 위한 삶이었다. 이것은 서강대학교를 운영하는 예수회의 모토라 해도 과언은 아니다. 여기에 한 가지 덧붙인다면 주님의 더 큰 영광을 위해서(for the greater glory of God) 사는 삶이다. 소위 마지스(magis) 정신이다. 난 서강대학교에서 근무하면서 이런 얘기를 수없이 많이 들어왔지만 부끄럽게도 모두가 건성이었다. 해서 아무쪼록 이번 순례를 통하여 오늘 신부님께서 말씀하신 바로 그 내용이 내 마음과 몸 안에 보다 깊게 체화되어 들어앉는 계기가 되길 빈다.

이어서 신자들의 기도에선 순례에 참석하고 있는 가족들을 위해 기도하였고, 또 이번 순례에 참석하지 못한 우리 DCC 회원들을 위해 다 같이 기도하였으며, 마지막으로 꿈나무마을의 대자들을 위해 다 같이 마음을 모아 기도드렸다. 미사를 마친 일행은 라벤나 도심을 도보로 돌면서 유적탐방에 나섰다. 한국에서 유적탐방은 대부분 사찰을 방문하는 것이듯이 이곳은 성당을 방문할 수밖에 없는 것이다.

라벤나는 한때 서로마제국의 수도였다. 그럼에도 불구하고 라벤나란 이름이 내겐 생경하게 들리니 난 서구역사에 대한 소양이 부족하다. 라벤나 도시 전체는 5, 6세기에 지어진 건축물 등이 가치 있는 보물로 인정받아 유네스코에 의해 세계문화유산으로 등재되었다. 최근에 열린 서로마제국 수도 천도 1600주년을 기념하는 행사에서 이태리 대통령이 라벤나가 유네스코에 등재됨을 선언하였다.

미사를 마친 일행은 성모마리아 대성당과 낮은 담 하나를 사이에 두고 바로 옆에 위치한 산 비탈레 성당과 그 부속 영묘를 둘러보았다. 이 성당 안으로 들어가 보니 그 모습이 터키 이스탄불에 있는 소피아 성당을 보는 것 같다. 내부 벽이며 천정이 화려한 모자이크로 장식되어 있는 비잔틴 양식의 건물이다. (참고로 시대는 palaeo—Christian, Byzantine, Romanesque, Gothic, Renaissance, 그리고 이어서 Baroque로 넘어간다.) 특히 영묘에서 본 모자이크는 화려하기까지 하여 난 이곳이 시신이 묻힌 묘소라는 사실을 잠시 잊고 말았다. 동서고금을 통하여 권세 있는 자들 중에는 그 욕망이 하늘을 찔러서 죽어서까지도 영화를 누리려고 하는 사람들이 많다. 이것이 얼마나 부질없는 짓인가! "헛되고 헛되도다." 하는 소리가 나오는 것을 망자에 대한 도리가 아닌 것 같아 꾹 참았다. 이어서 성 아폴리나레 누우보 대성당을 찾아갔다. 벽돌로 지어진 성당은 원통형 타워가 붙어있고 성당 내부와 천정은 모자이크로 수많은 성인들과 성서에 나오는 인물들이 묘사되어 있다. 여기서 본 모자이크도 매우 섬세하고 우아(gorgeous)하다.

약 세 시간에 걸쳐 라벤나 다운타운을 걸어 다니며 미사와 문화유적 탐방을 모두 마치고 5시경에 다시 버스를 탔다. 걸어서 순례할 땐 내리는 둥 마는 둥 하던 보슬비의 빗방울이 제법 굵어진다. 옥외스포츠를 할 때 우리가 운동을 다 마치고 난 후에 비가 내리면 평소에 덕을 많이 쌓아서 그렇다고 얘기한다. 아무래도 DCC 성지순례단의 행실이 주님 보시기에도 나쁘지는 않았던 모양이다.

이렇게 하여 우리는 오늘로 계획된 성지순례 일정의 절반을 무사히 마쳤다. 이제 베니스, 피렌체, 그리고 로마에서의 관광 위주의 일정이 우릴 기다리고 있다. 그간 성지순례 중에 저희들과 함께 하시어 저희들을 보살펴주시고 많은 은총 내려주신 우리 주님께 감사드린다.

"주님과 함께 한 명품 여행, 이태리"

제6장 베니스

'17. 2. 6. (월) 흐린 후 비 옴

성 마르코 성당에서 일상도의 삶을 생각하다

오늘 일정은 베니스 관광이 전부다. 어젯밤 투숙했던 페라라의 한 호텔에서 매일 미사와 아침 식사를 마치고 일행은 8시에 베니스로 향했다. 사실 베니스는 개인적으론 한번 본 것으로 충분하다고 생각되는 관광지였다. 북경에 가서 본 만리장성도 그런 곳이었다. 매일 매일 쉽지 않은 빡빡한 일정임에도 모두 시간도 잘 지키고 불평 한마디가 없다. 얼마간 버스를 타고 이동한 후 다시 배를 바꿔 타고 섬으로 들어갔다.

적의 침입을 막기 위해 섬에 세워진 도시 베니스는 무역이 번창했던 상업 도시였으며 십자군 전쟁 당시에는 예루살렘에 가려면 유럽에서 떠나는 출발기점이었기 때문에 전쟁 중에 더욱 번창했었을 것이다. 예수회의 창립자 이나시오 로욜라 성인도 한 전장에서 맞은 포화로 성치 않은 다리를 이끌고 예루살렘 성지로 순례를 떠나셨는데 그때도 로마에서 베니스로 와서 키프로스 등을 거쳐 들어가셨다. 이같이 베니스는 해상교통의 요로였다.

물 위에 제일 눈에 띄는 것은 곤돌라이다. 예전엔 시신을 나르는 수단이었기 때문에 대부분 곤돌라의 색깔이 검은색인데, 자세히 보면 곤돌라를 젓는 사람의 몸무게를 고려해서 좌우대칭이 아니라고 안내자가 설명한다. 베니스의 중심은 뭐니 뭐니 해도 산 마르코 광장과 산 마르코 성당이다.

우중에 비바람을 맞으며 베니스 골목길과 해변에서 비속의 데이트를 즐긴 일행들은 산 마르코 광장에 와서 '쭈구리와 수구리'로 단체 사진을 찍었다. 순례 중 수도 없이 단체 사진을 찍었는데 그때마다 "쭈구리!"하고 외치면 순식간에 DCC 형제님들은 무릎을 쭈구리고 앉았고, 자매님들은 몸을 약간 수구리고 선 자세로 앵글을 좁혀 단체 사진을 찍는 데 익숙해졌었다.

산 마르코 성당 내부를 구경하고 다시 광장에 나와서 자유시간을 가졌는데 일행 대부분은 개인행동을 하기보다 광장 앞 두 번째로 비싼 한 카페에 모여 몸을 녹이며 따뜻한 커피나 초코 등을 마셨다. 베니스는 섬이라 이태리 타지역에 비해서 물가가 조금 높은 편이다. 모스크바 크레믈린 광장에 갔을 때도 광장 앞 카페에서 마신 커피가 추억에 오래 남아 있었는데 오늘 커피를 마신 성 마르코 광장 앞 카페도 기억에 오래 남을 것 같다. 방글라데시에서 왔다는 젊은 카페 점원이 명랑하게 서브했다. 여러 사람이 동시에 주문하니 커피와 음식 나오는 시간이 늦어져 간식 파니니는 결국 나중에 수상택시를 타고 섬을 빠져나올 때 택시 안에서 먹었다.

베니스의 수호성인 성 마르코의 유해가 안치된 성 마르코 성당의 내부는 모자이크화로 장식되어 있다. 예전엔 세례받기 전엔 성전 안으론 들어갈 수 없었고 성전 앞 복도에서 교육을 받았다고 한다. 그래서 특히 그 복도 천장과 벽면은 성경의 중요 장면들을 모자이크화로 그려내 글자를 모르는 사람들까지도 성경공부를 시키는 데 유용하게 썼다 한다.

중세 성당의 모자이크화를 보면 또 하나 생각나는 얘기가 있다. 예수회 송봉모 신부님의 책, '일상도를 사는 삶'을 보면, 손톱만 한 크기의 모자이크를 하나씩 하나씩 높은 천장이나 벽에 붙여 그림을 완성시키려면 짧게는 수년 길게는 족히 십수 년이 걸리는 고달픈 작업이다. 이런 힘든 작업을 계속해야 하는 예술가에게 어떻게 끝을 낼 수 있었는가 하고 물으면 그 해답이 바로 일상도란 것이다. 즉 그 예술가는 전체를 생각하지 않고 하루에 할 수 있는 분량의 작업만을 생각한다는 것이다. 그렇게 하루하루 지냈더니 자신도 모르는 사이에 십수 년이 흘러 어마어마한 그림이 완성되더라는 얘기다. 소위 '일상도를 사는 삶'이 힘겨운 삶을 살아야 하는 현대인들에게도 시사하는 바가 크다고 생각된다.

나 자신도 유학을 마치고 84년부터 올해로 34년째 교수 생활에 접어들게 되는데 그간 보람된 일도 있었지만, 어려운 일도 많이 있었다. 돌이켜 보면 소위 '일상도를 사는 삶'의 자세도 33년의 세월을 지내오는 데 일조를 한 것 같다. 즉 한 학기 한 학기씩 지나고 나니 33년을 재임하게 되었다. 2017년도 일단 한 학기 할 일만 생각할 것이다. 그것이 벅차다면 3월 한 달 할 일만 생각할 것이고, 또 그것도 힘에 겹다면 한주, 또는 하루 등등 할 일만 생각하며 살 것이다. 여기 모든 것들은 내가 걱정하지 않더라도 나를 위해서 주님께서 잘 마련해주실 것이라 믿으면 금상첨화일 텐데 아직 그런 경지까진 못 갔다. 하지만 사후적으로 보면 주님께서 항상 분에 넘치게 은총을 내려주시는 것에 대해서 진심으로 감사드린다.

베니스에서 피렌체로 가는 도중 한 한식당에 들러 늦게 점심을 해결하였다. 그리고 피렌체로 들어가는 도중 버스 안에서 최 회장의 강권(?)에 의해 각자 배우자를 소개하는 시간을 가졌다. 소개하기에 앞서 친절한(?) 최 회장이 제시한 소개요령은 남편 된 사람이 자기 배우자를 소개할 땐 미담 위주로, 반대로 아내 된 사람이 자기 배우자를 소개할 땐 험담 위주로 해야 한다는 것이었다.

황스테파노 선배가 맨 앞자리에 앉아서 맨 처음 마이크를 잡고 형수님을 소개하는데 미담이 끝도 없이 술술 나오는데 그 진실성이 엿보인다. 이어서 형수님도 소개요령을 따르지 않고 형님이 집안일을 잘 도와준다는 것부터 칭찬 일색이다. 이렇게 해서 첫 단추가 잘못 끼워지는 바람에 우리들의 배우자 소개시간은 주최측의 의도와는 다르게 싱겁게 끝난 것 같다. 아니다. 이번 순례에 참여하고 있는 부부들은 한결같이 서로 숨길 것도 별로 없고, 마음도 잘 통하고, 서로가 서로를 아끼며, 배려해주는 부부성이 좋은 모범적인 부부들인 것이다. 그래서 파고 또 파도 칭찬할 것밖에 없었던 것이다.

그런데 이런 얘기를 하는 난 왠지 뭔가 아내에게 들킨 것 같은 생각이 드는 연유는 무엇일까? 그렇지만 난 내 아내가 항상 고맙고 정말 사랑스럽다. 이렇게 서로 소개하는 시간을 진지하게 가지다 보니 서로가 가까워짐을 느끼는 가운데 어느새 버스는 피렌체로 들어서고 있었다. 며칠 전 '아내를 백허그하고 사진 찍기'에 이어서 오늘도 우리는 최 회장이 얼마나 세심하게 순례 하루하루를 짜임새 있게 꾸려가려고 노력하고 있는지를 알 수 있었다. 그런 우리 회장이 고맙다.

"주님과 함께 한 명품 여행, 이태리"

제7장 피렌체

'17. 2. 7.(화) 흐림

메디치 가문이 존경스럽다

오늘 일정은 피렌체를 둘러보는 것으로 짜여졌다. 미사와 조식을 마친 일행은 오늘도 어김없이 8시에 호텔을 출발해서 먼저 피렌체 시가지가 한눈에 내려다보이는 미켈란젤로 광장으로 갔다. 광장 한가운데는 미켈란젤로의 다비드상(모조품)이 서 있다. 미켈란젤로는 로마를 향해 피렌체를 위협하지 말라는 메시지를 다비드상에 담아내기 위해서 머리와 손과 발을 크게 제작했다 한다. 광장에서 보니 피렌체시를 관통하는 아르노(Fiume Arno) 상이 좌우로 길게 펼쳐져 있고 그 뒤로 붉은색 벽돌과 기와로 고색창연하면서 아름다운 품격을 지닌 피렌체시가 파노라마처럼 전개된다. 특히 멀리 두오모 성당 쿠폴라가 한눈에 들어온다.

피렌체도 전에 한 번 방문했었는데 피렌체 하면 아직도 기억에 남는 것은 바로 쿠폴라였다. 나에겐 쿠폴라가 피렌체의 랜드마크인 셈이다. 쿠폴라는 브루넬레치에 의해 1420년에서 16년간에 걸쳐 작업한 끝에 완성되었다 한다. 그 직경이 약 45m, 그리고 그 높이가 꼭대기 탑까지 포함해서 약 110m나 되는 어마어마한 크기인데, 아무런 버팀대도 없이 세워진 것이니 이 쿠폴라는 당시엔 혁명적인 건축물이었다 한다. 미켈란젤로도 로마에 있는 성베드로 대성당 쿠폴라를 설계할 때 이 명작품에서 영감을 받았다고 한다(이 대목에서 이 일기의 완성을 위해 자료를 열심히 찾아본 흔적이 물씬 풍긴다.).

어제 베니스에선 비바람으로 을씨년스럽던 날씨가 오늘 아침 피렌체에선 맑은 햇살까지 비춰주니 축복받는 기분이다. 잠시 후 사진찍기까지 마친 일행은 언덕을 내려와 본격적으로 피렌체 도보 탐방에 나섰다. 아침 햇살을 맞으며 아르노강 위에 걸쳐있는 아담한 다리 너머 다리들을 보면서 아느로강변을 걷는 기분은 요트들과 고성을 보면서 나폴리해변을 걸었던 기분에 필적한다.

아르노강 다리 중 가장 오래된 메디치가에서 만든 베키오(Ponte Vecchio)다리를 보는 것으로 본격적인 피렌체 도심 순례가 시작되었다. 이어서 일행은 주변에 다비드상과 헤라클레스상 등 조각상들로 장식된 시청사인 베키오 궁전 앞 시뇨리아 광장(Piazza Signoria)을 거쳐서 오늘 오전의 주 방문지인 우피치 박물관(The Uffizi)으로 들어섰다. 그곳에서 한 시간여 동안 한 교포 여성의 해설을 들었는데 비록 그녀의 얘긴 대부분 한 쪽 귀로 들어왔다가 또 다른 한쪽 귀로 금세 빠져나갔지만 지루하지 않았고 해설가로서의 자긍심도 엿볼 수 있어서 고맙고 뿌듯했다.

나눠준 카탈로그를 보니 우피치 미술관엔 소전시실만 약 100개나 있다. 메디치 가문의 마지막 후손 안나 마리아 루도비카가 수많은 고귀한 소장품을 기증함으로써 설립되었단다. 해설가의 안내를 받으며 보티첼리의 봄과 비너스의 탄생, 레오나르도 다빈치의 수태고지, 그리고 카라바조의 바커스 등 수없이 많은 명작을 보았다.

우피치를 떠나며, 사업해서 번 돈으로 중세 이태리의 문화예술을 부흥시키고 또 사들인 소장품을 국가에 헌증하여 문화예술적 가치를 만인들에게 전파해 준 메디치 가문에 대해서 무척 존경심을 갖게 되었다.

점심을 하고 오후엔 두우모 성당과 산지오바니 세례당 등을 구경한 후 로마를 향해 출발하였다. 전에 왔을 때 기억에 남는 조각품은 도나텔로가 1455년에서 1460년에 나무로 제작한 막달레나의 마리아상이었다. 피렌체 대성당 박물관에 소장되어 있어서 이번엔 볼 수가 없었다. 이 작품은 십자가에 못 박혀 돌아가시는 예수님의 죽음을 지켜본 마리아 막달레나의 참담한 모습을 그린 걸작품이라 한다. 마리아 막달레나는 예수님의 임종을 지켜봤을 뿐만 아니라 돌이 치워진 예수님의 빈 무덤도 제일 먼저 발견한 사람이었다.

부활하신 예수님께서 "마리암(Mariam : 마리아야)"하고 부르니 마리아 (막달레나)는 "라뿌니(Rabbouni : 선생님)"하고 대답하였다.

마리암과 라뿌니는 예수님과 마리아 막달레나의 모국어인 아람어이다. '예수님'의 저자 마틴 신부는 위 대목이 전체 복음에서 가장 부드러운 대목이라 말한다.

생전에 활동하시던 예수님은 물론 돌아가시는 예수님과 부활하신 후의 예수님을 모두 본 사람이 바로 성녀 마리아 막달레나이다. 부활하신 예수님을 본 마리아 막달레나상은 존재한다면 어느 박물관에 있을까? 아니면 내가 한 번 제작해 볼까? 은퇴 후엔 조각도 배워야 하고 할 일이 많다. 물론 농담이다.

내 기억이 정확하진 않지만, 당시 해설가는 60년대 피렌체 아르노강 강물이 홍수로 범람하여 많은 문화재가 물에 잠겼는데 그중 막달레나의 마리아상도 피해를 보았었다고 한다. 그 후 일본인들의 기술적인 도움을 받아 막달레나의 마리아상 등이 거의 완벽하게 보존될 수 있었단다. 목제품 보존의 기술 수준은 일본이 탁월한 것 같다. 가물가물한 내 기억 속엔 아직도 그렇게 남아 있다.

문화재는 전 인류의 공동 재산이다. 가끔 IS가 귀중한 중동 문화재를 무자비하게 파괴하는 뉴스를 접하면 끔찍하다 못해 같은 인간으로서 비애를 느낄 때가 있었다. 반대로 문화재를 아끼는 사람/국가를 보면 칭찬해주고 싶고 존경스럽다. 두 번째로 방문한 피렌체를 떠나면서 내 머릿속엔 아직도 변함없이 피렌체 하면 두우모 성당의 쿠폴라와 막달레나의 마리아상이 자리 잡고 있는 것이다.

" 주님과 함께 한 명품 여행, 이태리 "

제8장 바티칸

'17. 2. 8. (수) 맑고 흐리고 간헐적으로 비 옴

성 베드로 대성당 성문에서 희년을 생각하다

오늘은 로마순례날이다. 8시에 숙소를 나서서 먼저 도미틸라 카타콤바에 도착했다. 9시에 개장하기 때문에 잠시 입구에서 기다렸다. 우리보다 먼저와 기다리는 사람들도 있다. 로만 교통체증이 심하기 때문에 이동소요시간을 예측하기 어렵다. 로만 곳곳에 조금만 땅을 파도 유적들이 출토될 가능성이 크기 때문에 도로망을 확충하는 등의 건축 공사가 쉽지 않을 것이다.

한 황제의 증손녀인 도미틸라가 313년 콘스탄티누스 황제에 의해 기독교가 받아들여지기 전인 2세기에, 크리스천 공동체에게 땅을 헌증하여 기독교인들이 17킬로미터의 동굴과 복도를 형

성해 경당과 지하무덤으로 사용하게 된 것이다. 예수님 생전에도 성모마리아를 위시하여 엘리자벳, 마리아 막델레나, 마리아와 마르타 자매, 그리고 베로니카 등 여인들의 역할이 두드러진다. 그리고 오늘 카타콤바에서 만난 도미틸라와 예수님이 지신 십자가의 일부를 로마로 가져온 콘스탄티누스 황제의 어머니, 성녀 헬레나도 로마 황가의 여인들이다. 기독교를 사교로 보았던 당시 로마에서 크리스천 공동체에 땅을 기증했던 도미틸라는 우리나라에서 박해시절에 목숨을 걸고 천주교 사제를 숨겨주고 지원해줬던 강완숙 골롬바 등을 생각나게 한다. 아무튼, 주님을 사랑하여 행동으로 보여준 이 여성들 덕에 우린 편안하게 신앙생활을 할 수 있고 또 오늘 카타콤바를 성지순례하고 있으니 오늘 카타콤바에서 만난 도미틸라가 존경스럽고 고맙다.

오늘도 갈 곳이 많아 지하무덤과 경당 극히 일부를 훅 돌아보고 시내 중심부로 들어가 버스에 내려 콘스탄티누스 황제 개선문, 콜로세움, 그리고 팔라티노 언덕 아래에 있는 커다란 경기장 터 등을 보고, 이어서 버스로 잠깐 이동해서 계단을 올라 시청 앞 캄피돌리오 광장에 있는 마르쿠스 아우렐리우스 황제의 기마상 앞에서 사진을 찍고, 시청 뒤 언덕 위에서 르네상스 시대에 많이 파괴되어 유적의 상당 부분이 돌무더기로 남은 고대 로마의 중심, 포로 로마노 지역을 내려다본 후 판테온을 거쳐 스페인 광장과 트레비 분수를 일사천리로 돌아보았다.

26년 전 난생처음 로마를 방문했을 때 특히 스페인 광장 트레비 분수 등에서 만났던 당시 로마의 젊은 사람들은 옷차림으로 보나 얼굴 생김새로 보나 모두가 할리우드의 스타들 같았다. 안정효의 '헐리우드 키드의 생애'를 보면 주인공 남고생 임병석에겐 할리우드 영화는 각박하고 암담한 현실을 탈피하는 도피처였다. 길면 두 시간 정도의 환상적인 즐거움을 맛볼 수 있는 달콤한 휴식의 시간을 가졌을 것이다.

그러던 임병석이 어느 날 등굣길에 버스정류장에서 버스를 기다리는데 한 여학생이 눈에 들어온다. 그 학생에게서 할리우드 여배우의 어떤 모습을 본 것이다. 며칠간을 그 여학생만 생각하며 지내던 차에 어느 날 또 다른 여학생이 눈에 들어온다. 그때부턴 먼젓번 배우를 닮은 학생은 잊고 자기가 더 좋아하는 여배우를 닮은 이 여학생을 사모한다.

얘기가 좀 길어졌다. 그땐 촌스런 동양 젊은이의 눈엔 로마 길거리에서 본 젊은 여성들이 모두 여배우 같아 임병석이 되어가고 있었다. 아내와 함께 하고 있는 성지순례에서 이런 얘기가 좀 불경스럽다는 것쯤은 나도 잘 안다. 서설이 조금 길었다.

내가 하고 싶은 얘기는 바로 지금부터다. 26년이 지나 오늘도 스페인 광장과 트레비 분수 등을 차례로 둘러보았고 또 그곳에서 사진도 찍었다. 오늘도 수많은 로마 젊은이들과 관광객들로 포토 포인트는 꽉 찼었다. 그런데 거기엔 철없던 시절 환상 속에서 보았던 로마 여성들은 없고 내 사랑 율리안나밖에 없었다. 주변 로마 젊은이들은 모두 조연이고 엑스트라였다. 내가 나이가 좀 드니 환상에서 깨어난 것일까? 아니면 이것도 이번 성지순례에서 나타난 조그마한 기적이라고 말하면 너무 과장된 것일까?

트레비 분수에서 가진 잠시의 휴식시간에 율리안나와 난 트레비 분수에서 지내는 대신 바로 앞에 있는 순교성인 빈센트(스페인부주교)와 아나스타시오(페르시아인) 기념 성당 안으로 들어가서 내부를 한 바퀴 돌면서 사진을 찍고 나왔다. 이같이 로마엔 아니 이태리 전역엔 수많은 성당이 있고 어느 성당이라도 들어가면 예수님과 성모님은 물론이고 수많은 성인을 만날 수 있는 것이다.

심루까 신부님께서 유학한 그레고리안 대학 앞을 지나 한 식당에서 점심을 했다. 나온 음식은 스파게티와 피자인데 조금 전 본 젤라또 아이스크림에 커피까지 마셔서인지 음식이 많이 남았다.

오후엔 기다리던 바티칸을 방문하였다. 천주교 신자로서 천주교의 교정, 베드로 성인의 계승자, 존경받는 프란치스코 교황님께서 계신 바티칸국에 보안 검색을 받고 입국하는데 하나도 불편하지가 않은 것이다. 가령 미국에 입국할 땐 매우 불편했던 것과는 대조적으로. 신앙적으론 조국이라 느껴서 그랬다면 지나친 사대주의적 표현일까? 예전에 김수환 추기경께서 대교구장으로 계실 적에도 명동대성당에 가면 그런 생각이 들곤 했었다. 뭔가 천주교 신자라는 뿌듯함 말이다.

박물관에 들어가 이어폰을 꽂고 가이드로부터 시스틴 성당의 벽화에 대해 설명을 들은 후 효율적으로 박물관 일부를 휙 돌고 시스틴 성당 미켈란젤로가 그린 벽화를 본 후 성 베드로 대성당 앞에 섰다. 순례에 오기 전 성베드로 대성당에 입당하려면 많이 기다린다는 내용의 기사를 보고 걱정했었는데 다행히 금방 입당하였다.

입당하기에 앞서 난 닫혀있는 오른쪽 대문, 성문(the Holy Door)을 보았다. 91년에 여기 왔을 때 저 성문은 2000년 대희년에 열린다고 들었었다. 희년마다 성문이 열린다 한다. 해서 그 땐 9년 후 대희년때 바티칸에 다시 오면 좋겠다고 생각했었다. 만약 지금부터 8년 후 2025년이 희년이라면 그때 다시 여기 오길 바라는 마음을 갖고 대성당에 들어섰다. (원래 희년은 50년마다 돌아오는데 25년으로 그 주기가 단축되었다고 들었다.)

고대에는 희년이 되면 노예도 자유의 몸이 되고, 빚도 탕감 받고, 소작인도 농토를 차지할 수 있고, 죄인들도 죄의 사함도 받을 수 있다고 들은 기억이 있다. 빈부의 격차, 신분의 격차 등을 없앨 수 있는 좋은 취지다. 욕심 많은 우리 인간의 수명이 한정적인 것도 참 다행이란 생각을 하는 걸 보니 난 희년의 취지에 동감하는 듯싶다. 아무튼 희년에 성바오로 대성당 성문을 통과하여 그간 지은 많은 죄를 용서받고 축복받기를 원했던 것이다.

성 베드로 대성당에 입당하자마자 처음 본 것은 오른쪽에 있는 미켈란젤로의 조각 작품 피에타였다. 축 처진 당신의 아들 예수님의 주검을 무릎에 안고 계시는 성모님의 얼굴표정에서 우린 절제되고 승화된 고통을 읽는다. 성모님께서 입고 계신 옷도 치맛자락이며 상의의 주름 등이 천으로 만든 것처럼 자연스러워 대리석이라곤 느껴지지 않는다. 20대 때 미켈란젤로의 작품이란다. 그는 천재였지만 아마도 주님과 일치를 이룬 가운데 성령의 도우심을 받으며 기도하는 자세로 이 작품을 완성시켰을 것이다.

제대 앞쪽으로 나아가 성 베드로의 청동좌상을 멀리서 보았다. 예전엔 순례자들이 접근해서 좌상 오른쪽 발을 만지며 성 베드로를 통해 주님의 축복을 기원하기도 했었다. 나도 26년 전 아내와 함께 베드로 성인의 발을 만지며 천국의 열쇠를 손에 쥔 베드로 성인께 뭔가 요청을 하였을 것이다. 만진 기억은 있는데 무엇을 기도했는지는 생각이 나지 않으니 무엇이었든 들어주신 것이 분명하다. 헌데 지금은 좌상에 접근할 수 없게 칸막이가 쭉 둘러쳐져 있어서 만질 수가 없었다. 지금은 좌상을 만질 수가 없으니 그때 보다 명확하게 기도했었을 걸 그랬나하고 괜한 욕심이 생긴다. 뿐만 아니라 대성당 중앙 쿠폴라 밑에 위치한 베드로 성인의 묘소는 평면보다 아래에 있기 때문에 볼 수도 없었고, 묘소 주변 벽면에 있는 성녀 헬레나와 성녀 베로니카 초상화도 멀리 있어서 인식할 수가 없어 못내 아쉬웠다.

대성당을 빠져나오니 교황청 근위병들이 눈에 띈다. 그들은 중립국가 스위스사람이며 그들의 복장은 미켈란젤로가 디자인했다는 얘기가 있단다. 대성당이 두 팔을 벌려 전 인류를 포용하는 듯한 대성당 앞 대광장에 서서 대성당과 교황님 집무실이 있는 건물 등을 멀리서 바라보았다. 아쉽게도 왕관 모양으로 설계된 쿠폴라는 대성당 건물에 가려 윗부분만 보인다. 해서 대성당에서 되도록 멀리 나가 대광장에 있는 오벨리스크와 분수까지 넣어 사진을 찍으며 대성당을 바라보니 쿠폴라가 비교적 잘 보인다. 이로써 오늘 일정을 모두 마쳤다.

한살이라도 젊었을 때 여행가라는 말이 실감 나는 하루가 마감되고 있다. 인근 식당에서 한식으로 저녁을 마치고 숙소로 들어갔다. 저녁 8시부터 10시까지 두 시간에 걸쳐 호텔 식당 한 켠을 빌려 성지순례 소감을 나누는 시간을 가졌다.

이구동성으로 참석자 전원은 많은 은총을 내려주신 주님께 감사드렸고, 절제된 행동과 친근한 지도의 균형을 보여주신 주님의 종 루카 신부님께 감사드렸고, 이어서 이 모임을 위해서 희생적으로 준비하고 진행해 준 명 회장과 명 총무께 감사드렸다. 마지막으로 이렇게 많은 은총을 받을 수 있게 성지순례 참여를 적극적으로 지원해주시고 참여해주신 자매님들께 감사드렸다.

맞았다. 자매들의 애정 어린 지원과 준비가 없었다면 DCC해외성지순례는 어림도 없는 것이었다. 우리 자매님들이 한결같이 오늘 이곳에서 만난 도미틸라나 헬레나 성녀 같다고 느껴지는 것은 그간 순진한(?) 내가 율리안나 자매에게 세뇌당해서 그런 것일까! 예의상 한 말인 줄은 모르겠지만 또다시 DCC에서 해외 성지순례의 기회를 주신다면 기꺼이 참여하겠다고 얘기한 어느 자매님의 말씀도 고맙다.

“주님과 함께 한 명품 여행, 이태리”

제9장 트레 폰타네

'17. 2. 9. (목) 흐림

주님을 탄압하던 사울이 바오로로 순교하다

오늘 성지순례 마지막 날 새벽 미사를 드렸다. 여느 때처럼 오늘도 오늘 읽은 독서와 복음을 중심으로 강론 말씀을 해주신다.

"사람이 혼자 있는 것이 좋지 않으니… (지아비에서 갈빗대를 빼내어 지어미인) 협력자를 만드신 것은 인간의 동질성을 의미하는 것이며 동시에 유아독존이 아닌 공동체를 강조하신 것입니다. 주님께서 창조하신 우리 인간은 공동체를 통해서 완성됩니다. 이러한 '함께' 성, 공동체성이 바로 교회인 셈이며, 하느님의 지체인 이러한 교회 속에 하느님께서 계시고, 보다 구체적으론 하느님의 사랑이 있습니다. DCC 성지순례단과 함께하면서 서로 감싸주고 서로 배려해주는 그리스도교인다운 모습들을 보여줘서 감사합니다."

이렇게 우리를 격려해주시며 강론 말씀을 마치셨다. 그리고 신부님께선 미사 전에 오늘 방문할 장소에 관해서도 설명해주셨다. 트레 폰타네(Tre Fontane: Three Fountains)는 바오로 사도께서 서기 67년 기독교를 탄압한 네로 황제 시절 참수당해 그 자리에서 목이 떨어져 나가 그 목이 세 번 땅바닥에 튀었는데 그 튄 자리마다 신기하게도 샘이 솟아 '세 개의 샘' 트레 폰타네가 만들어진 곳이다. 트레 폰타네엔 성 바오로 순교 성당이 세워졌으며 그 성지는 트라피스트 수도원에서 관리하고 있었다.

우린 어제 십자가에 거꾸로 매달려 돌아가신 베드로 성인이 묻혀계신 성베드로 대성당을 들렀고 오늘은 비록 십이사도는 아니셨으며 개인적으론 예수님을 알지 못했지만, 유럽 아니 세계의 그리스도교화에 지대한 공헌을 하신 성 바오로의 성지를 서울로 떠나기 전 둘러보게 된 것이다. 기독교인들을 탄압하기 위해서 예루살렘에서 다마스커스로 가던 중 "사울아, 사울아, 왜 너는 나를 탄압하느냐?"는 소리를 듣고 회심하여 크리스천이 된 바오로는 그리스화 된 유식한 유대인이었고 로마 시민권자여서 로마에서 재판받고 순교하셨던 것이다. 현재 순교성당 내에 있는 그 샘들은 오염으로 사용되지 않고 폐쇄되어 있었다.

매일 새벽 6시 20분경에 미사를 드리기 위해 신부님 방을 찾아 호텔복도를 걷고 또 미사를 마친 후 신부님 방에서 나와 보다 경건하고 기쁨에 넘친 모습으로 둘 셋 어깨를 나란히 하고 담소하며 조용히 식당으로 향하는 우리 순례단의 모습을 보면 수도사들 같고, 묵고 있는 호텔은 수도원이 된 것 같다. 적어도 난 순례 내내, 마치 수도원에서 피정하고 있는 듯한 기분을 느꼈다.

묵었던 호텔에서 트레 폰타네까진 통상 20분이면 되는데, 가는 도중 앞에서 교통사고가 나서 2시간이 넘게 걸렸다. 그래도 성바오로 순교기념 성당에서 비교적 여유 있게 순례를 마쳤고 11시 반 경에 공항에 도착하여 보안 검사와 출국 심사를 마치고 2시 15분경에 보딩했는데 한참을 지나 3시 40분쯤에 이륙한다. 로마공항에도 트래픽이 심한 모양이다. 갔던 길 95000km를 11시간 동안 비행하여 한국시간으로 금요일 10시 40분경에 인천에 도착하였다.

모두 짐을 찾았는데 콘스탄티노 총무의 가방 하나가 안 보인다. 총무의 것과 똑같이 생긴 가방이 주인을 찾지 못하고 계속 트레이 위에서 몇 바퀴째 돌고 있다. 그 가방의 주인이 실수로 바꿔갔다고 생각하고 혹시 태그에 전화번호가 적혀 있는지를 보려고 태그를 자세히 들여다보는 순간 태그에 적혀 있는 이름 석 자가 이상한 이름이 아닌가! 애를 많이 쓴 사랑하는 우리 총무는 15명을 뒷바라지하느라 순례 전과 순례 중에 잔뜩 긴장했었는데 무사히 귀국하고 나니 긴장이 한꺼번에 풀려서 착각한 모양이다. 아니면 엠마오 가는 길에 부활하신 예수님을 보고도 못 알아본 두 제자의 행동이 정말로 가능한 일이었다는 것을 증명해 보여주려 한 것인지도 모른다.

짐을 다 찾은 다음 그 자리에서 주모경으로 마침기도를 하며 보살펴주신 주님께 감사드리고 해산하였다. 그래 맞아! 세상에 집보다 더 좋은 곳은 없지. 푹 쉴 수 있으니까 말이야. "도마야, 순례하느라 수고했다. 이번 주말엔 푹 쉬거라"하는 음성을 들으며 난 집으로 향했다.

제10장 서울에서

'17. 2. 10. (금)

"주님께서 저희 곁에 계셔서 행복했어요."

성지순례를 마치고 돌아온 날 아내에게 손녀 소피는 구경 재
미있었느냐고 묻는다. 할머니는 이번엔 구경하러 갔다 온 것이
아니고 성지순례 갔다 온 것이라고 답했다. 그런데 소피는 재차
묻는다. "할머니, 그럼 성지순례는 왜 가는 거예요? 재미있었어
요?"

황창연 신부님은 빚을 내서라도 이스라엘 성지순례를 꼭 다녀
오라고 추천한다. 이스라엘 성지순례기를 "예수님(JESUS)"이란
제목의 책으로 펴낸 마틴 신부님은 이스라엘 성지순례는 피정가

는 것이며, 주님께서 머무르셨던 장소에서 묵상하는 것이라고
설명한다. 우린 중동의 불안한 사정을 고려하여 이스라엘 대신
이태리로 순례 장소를 결정했었다. 이태리 성지순례도 피정가는
것은 마찬가지인데, 단 예수님을 모범적으로 따랐던 성인들의
발자취를 더듬어보고 묵상하는 것이라 생각된다.

순례를 하기 전엔 아씨시를 제일 가보고 싶었는데 이젠 아씨
시를 두 번씩이나 가봐서 그런지 지금은 처음 가본 베네딕토 성
인이 계셨던 수아비코 동굴 수도원을 또 한번 가보고 싶다. 그
리고 그곳에서 하룻밤만이라도 유하고 싶다. 또 앞으로 로마에
간다면 이왕이면 희년에 맞춰서 가서 성베드로 대성당 성문으로
입당하고 싶다. 또 다음엔 기가 막힌 박물관이 있는 프로렌스나
바티칸에 간다면 반드시 사전에 메디치가나 르네상스 그리고 수
장된 작품이나 작가 등에 대하여 공부해놓고 갈 것이다. 또 가서
도 관심 있는 작품들은 보다 세심히 시간을 갖고 지켜볼 것이다.

산지오바니 로톤도에서 만난 성비오 신부님은 오상의 통증을
느끼시는 가운데서도 50년 동안이나 지극히 평범하게, 그렇지만
꾸준하게 사제의 본 업무인 미사드림과 고해성사줌에 충실하셨
다는 사실은 많은 전문가들이 시간이 지나면 일종의 매너리즘에
빠져 본업을 소홀히 하고 딴 눈 팔기 십상인 세상에서 시사하는
바가 크다. 우린 미사를 성의 있게 드리는 신부님을 보면 기쁠
때가 있다.

수비아코 베네딕토 동굴 수도원은 산중에 위치해 있어 예수님께서도 틈틈이 무리를 떠나 산에 가시어 혼자 기도하셨다는 그림을 떠오르게 만든다. 베네딕토 성인 자신도 공부하던 로마에서의 지식인들의 부조리에 염증을 느껴 수비아코로 들어오셨다. 우리는 가끔씩은 일상생활을 떠나 혼자 조용히 묵상할 필요가 있다. 피정에 참석하는 것이 그런 것이고 피정의 한 유형인 성지순례가 그런 것이다. 난 그동안 피정을 여러 차례 받아보았는데, 은총을 느끼지 못한 피정은 한 번도 없었다. 어느 피정이나 내가 자력으로 간 것이 아니라 주님의 이끄심으로 간 것이라고 나는 굳게 믿는다. 이번 성지순례도 마찬가지였다.

이번 아씨시에 가선 버려진 땅 아씨시가 프란치스코 성인이 묻히심으로써 축복의 땅 성지로 탈바꿈한 사실을 보고 무척 기뻤다. 주님의 용사들, 성인들이 하시는 일은 한결같이 놀랄만한 일이다. 이런 기적 속에서 사랑 자체이신 하느님의 현존이 확실히 드러나 보인다. 이런 훌륭한 성인도 오상을 입고 사셨다. 주님과 함께 사는 성인들에겐 고통도 고통이 아닌 듯싶다. 난 얼마나 고통을 참지 못했던가? 부끄럽고 또 작아진다.

란치아노 성체성혈 기적의 성당에 가서 본 기적의 성체성혈은 성체성혈을 모실 때 하느님의 몸과 피로 생각하기보다 형식적인 전례의 일부로 생각했던 경향을 다소 보였던 나에겐 신선한 충격이었다. 그 후론 미사에서 성체 성혈을 모실 때 주님과 일치

됨을 의식적으로 느끼려 한다.

그 외도 폼페이 유적을 보곤 죽음이 언제 닥칠 줄 모르니 매 순간순간을 성실히 살아야겠다고 마음먹었다.

이번 성지순례는 한마디로 기적이었다. 거의 불가능한 것이 실현되었기 때문이다. 그리고 더 나아가 명품순례였다. 자상하면서도 절제 있게 지도해 주신 신부님과 한결같이 겸손하고 진지한 순례참석자들, 그리고 명품 순례코스 등이 모두 세상에 하나밖에 없는 명품이었다.

스티브 잡스는 "소크라테스와 오후 한나절만 보낼 수 있다면 나는 애플의 모든 것을 걸겠다."라고 얘기했다 한다. 물론 이는 기업경영에 있어서 인문학의 중요성을 강조하는 얘기이다. 헌데 우린 오후 한나절이 아니라 10일 가까이 매일 종일토록 주님을 성실히 따르는 삶을 사신 수많은 성인들과 대화하며 보냈으며, 또 주님을 찬미하는 작품들을 포함한 걸작품들을 감상하며 보냈다.

이번 순례가 우리 주님 안에서 주님과 함께 한 여행이었기에 명품여행이었다. 세상에 주님만 곁에 있다면 무엇이 부족하겠는가? "주님, 당신께서 제 곁에 계셔서 행복합니다."를 만끽한 10일간의 성지순례였다. 나는 손녀딸이 이다음 성인이 되면 내가 성지순례를 가는 이유를 다음과 같이 얘기해 줄 것이다.

"나는 예수님을 정말 좋아한단다. 좋아하는 예수님과 조금이라도 가까이하기 위해 성지순례를 다녀 왔단다."

난 우리 손녀딸 소피가 성인이 될 때 저 얘기를 지금보다 부끄럼 없이 당당하게 할 수 있으면 좋겠다. 그때 소피가 나에게 또 무엇이라 얘기할지 벌써부터 궁금하다.

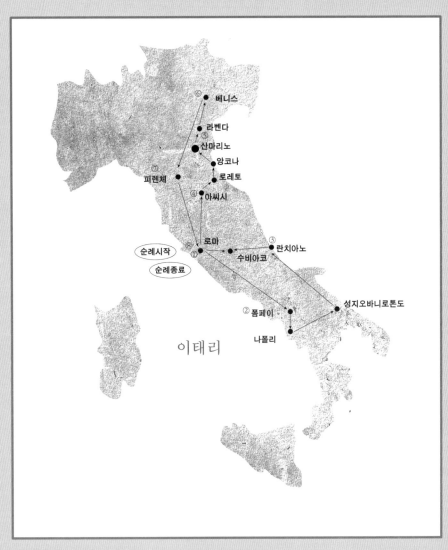

⑥ ● 베니스
라벤다
⑤ ● 산마리노
● 앙코나
● 로레토
⑦ 피렌체 ●
④ ● 아씨시
● 로마
순례시작 ① ● 란치아노 ③
● 수비아코
순례종료
성지오바니로톤도
② 폼페이 ●
● 나폴리
이태리

▶ 이태리 성지순례 루트

제
Ⅱ
부
/

예수님을 좀 더
가까이 느낀 여행,
이스라엘

'18. 11. 1ㅁ. ~ 11. 22.

> **예수님을 좀 더
> 가까이 느낀 여행,
> 이스라엘**

제11장 이스라엘로

'18. 11. 10. (토)

광야도 다 자기 정화의 과정이다

새벽에 화장실 가려고 깨어보니 미국에 있는 아들이 손주 사진을 보내 주었다. 답장을 하니 이내 아들로부터 페이스타임이 온다. 성지순례 잘 다녀오시라는 안부 전화다. 순례 떠나기 전에 아들 음성을 들으니 기쁘고 고맙다. 대신 잠에서 완전히 깼다. 아마도 고대하고 또 고대하던 성지순례를 떠나게 되어서 나도 모르게 흥분이 되었던 모양이다.

인천을 떠나서 20시간 가까이 걸려 모스크바를 경유해 텔아비브에 도착하였다. 중세 유럽 순례객들이 육로와 해로로 몇 달을 걸려 성지순례를 갔던 것을 생각하면 무척 고단하지만 감사할 일이다. 이냐시오 성인도 불편한 다리를 이끌고 이스라엘 성지 순례를 그렇게 하셨다고 들었다.

이스라엘로 가는 중 비행기 안에서 송봉모 신부님 저서 '광야에 선 인간'을 다시 한번 숙독하였다. 이번 순례에선 요르단에서 광야체험도 하기에 마음을 준비하기 위해서이다.

　　광야는 … 과정이다

　　거쳐야 하는 중간,
　　자신의 모습을 정직하게 대면하는,
　　변화를 겪는 거듭남의,
　　자기 정화와 자기 정리의,
　　과거의 자아를 버리는,
　　지난날의 가치관을 버리는,
　　영혼에 묻은 그 무엇을 털어내는,
　　탐욕도 벗어놓고 성냄도 벗어놓는,
　　삶의 우선순위를 보는,
　　천국본향으로 나아가는,
　　정신과 영혼을 파괴시키는 중독 증세들을 제거시키는,
　　하느님의 가치를 받아들이는, 그리고

진정한 자기 자신이 되고 하느님의 사람이 되는,
그래서 믿는 이들에겐 광야는 '반항의 장소'가 아니라 '은총의
장소'인 것이다.

기내에서 이 책을 읽으며 묵상하는 것 이외엔 시간을 때우고
또 피곤한 몸을 달래기 위해서 대부분 그냥 멍 때리고 있기도
하였고, 쪽잠도 청하고 의자 앞 모니터에서 영화도 봤다가 비행
내비도 켰다가 화장실도 오가며 기지개도 켰다가 하는 등등 수
도 없이 작은 몸부림을 치는 사이에 이스라엘에 도착하였다. 이
렇게 지루하기 짝이 없는 장거리 비행도 순례의 일환이리라! 텔
아비브 벤구리온 공항을 빠져나오기 전에 보이는 공항건물 내
긴 통로 실내건축물이 참 인상적이다.

현지시간 1시 반이 되어서야 잠자리에 들었다. 한국시간은 오
전 8시 반이니 집을 나선 지 꼬박 24시간이 소요되었다. 내일부
터 성지순례에서 걷게 되는 한 발짝 한 발짝마다 주님께 다가갈
수 있기를 기도드리고 또한 그간 베풀어 주신 주님의 은혜에 감
사드리며 첫날 이스라엘 네탄야에서 잠을 청한다.

"예수님을 좀 더 가까이 느낀 여행, 이스라엘"

제12장 갈멜산

'18. 11. 11. (일) 흐리고 비 오다 갬

"주님이야말로 하느님이십니다."

아침에 일어나니 호텔 베란다 밖으로 지중해해변이 내려다보인다. 경관이 무척 아름답다. 파도도 잔잔하여 여름엔 수영객들로 제법 붐볐을 것이다. 6시 반부터 시작된 조식을 마치고 형님 부부와 우리 부부는 잠깐 해변 도로를 거닐며 산책을 하였다. 헌데 이게 웬일인가! 하늘이 개면서 무지개가 나타나서 앞바다 위 하늘에 커다란 아치를 그리며 우리를 지켜보며 뽐내고 서 있다. 오늘 본격적으로 시작되는 우리의 성지순례를 마치 환영이라도 한다는 듯이. 기분이 이보다 더 좋을 수가 없었다. 대홍수를 경험한 노아에게 무지개는 구원계약의 표징이었었다. 그렇다. 하느님께서 만드신 좋은 세상, 아침부터 무지개를 본 오늘 하루 철부지같이 아니면 노아처럼 주님 안에서 마음껏 즐기면서 은혜 가득한 순례길을 떠나리라!

내탄야에서 지중해를 따라 올라가니 카이사리아(Caesarea)가 나온다. 카이사리아는 헤롯왕이 인위적으로 조성했었던 항구도시였다. 로마에 잘 보이려고 당시 로마 황제 카이사르의 이름을 붙인 것이다. 당대에는 이곳이 이집트의 알렉산드리아와 터키의 안티옥과 더불어 지중해 3대 항구로 꼽혔다고 한다. 로마 비잔틴 십자군 그리고 회교도의 지배를 차례로 받았었는데 대부분의 이스라엘 유적들이 그렇듯이 지배자가 바뀔 때마다 카이사리아도 파괴되고 또 재건되길 반복했었다.

이곳은 성지는 아니지만, 베드로 성인이 이곳에서 백부장 코넬리우스에게 세례를 주었고, 또 바오로 성인이 재판받기 위해 로마로 압송되기 전에 잠시 이곳 감옥에서 2년간 갇혀있었다고 한다.

우린 3,500명을 수용할 수 있다는 로마 원형극장을 보았다. 당시 이곳 인구는 이 인원의 10배인 35,000명 정도로 추정된다고 가이드가 설명한다. 그리고 해변으로 나와서 성벽 터, 로마경기장, 그리고 헤롯의 집무실 등을 먼발치에서 바라다보았다. 그리고 이곳을 떠나면서 원형극장밖에 놓인 석상들 가운데 양을 어깨에 두르고 서 있는 목자 상에 주목하였다. 이것은 313년 콘스탄티누스 황제가 나자렛 예수님을 공식적으로 메시아로 선포하여 그리스도교를 국교로 선포한 이후 제작되었던 유물이라는 것이다.

그다음 이동해서 찾아간 곳은 갈멜산(Mount Carmel)이었다. 갈멜산과 지중해 사이엔 이스라엘에서 세 번째로 큰 하이파시가 있는데 인텔 지사도 여기에 있다고 아들이 얘기해 줬다. 오크나무로 덮여있는 갈멜산 덕분에 하이파는 이스라엘에서 가장 살기 좋은 곳으로 간주된다고 한다.

갈멜산은 예언자 엘리야가 북이스라엘 왕을 피해 숨었던 곳이며, 순명, 정결, 가난 외에 독방에서의 대침묵과 단식을 지키는 스텔라 마리 갈멜 수도원이 인준된 곳이다. 십자군 전쟁에서의 패배로 사기를 잃고 갈멜산으로 돌아온 은수자들을 규합시켜 만든 이 수도회는 "엘리야의 정신안에서, 그리고 예수님의 발자국 안에서 그리스도의 군사로 산다."라는 기치를 내걸었다. 갈멜 수도회는 스페인에 들어가 꽃을 피워 아빌라의 대 데레사, 십자가의 성요한, 그리고 리지외의 소화 데레사 등을 배출시켰다.

우린 시간관계상 하이파시 가까이에 있는 갈멜수도원 본원을 가는 대신에 무라카에 있는 갈멜수도원 분원을 찾아갔다. 이곳은 주님의 예언자 엘리야가 바알신을 믿는 450명의 예언자들과 신앙 싸움을 벌여 승리한 곳이다. 즉 엘리야는 바알을 신으로 믿는 그들에게 각자 믿는 신의 이름을 불러 불을 붙이는데, 그때 불로 대답하는 신이 있으면, 그분이 바로 하느님이시라고 제안하니 백성들이 모두 동의하였다. 바알의 예언자들이 바알을 불렀을 땐 응답이 없었다. 그런데 엘리야가 하느님께 다음과 같이 응답의 불을 간구하자 주님의 불길이 내려와 온 백성이 "주님이야말로 하느님이십니다."하고 부르짖게 되었다.

주님! 저에게 대답하여 주십시오. 그리하여 주님, 이 백성들이 당신이야말로 하느님이시며, 바로 당신께서 마음을 돌이키게 하셨음을 알게 해주십시오.

자신의 목숨을 걸고 주님을 유일신으로 믿고 행동하며 또한 오로지 주님의 영광을 보이기 위해 간청하는 약 3000년 전의 엘리야의 모습에서 난 어떤 믿음으로 신앙생활을 해야 하겠는가에 대해서 다시 한번 생각하게 되었다. 엘리야 기념성당에 들러 잠시 성체조배를 하였다. "엘리야처럼 굳건한 믿음을 지닐 수 있도록 해주십시오."하고 주님께 도움을 청한 후 성당 바깥으로 나와 2층으로 올라가니 사방이 눈에 확 뜨이는데 저 멀리 펼쳐져 있는 평야 끝자락에 우리의 다음 행선지인 나자렛 언덕도 보인다.

우린 나자렛으로 이동하면서는 길가에 드러나 있는 돌무덤도 지나쳤다. 돌무덤 앞엔 입구를 막는데 사용했던 둥그런 맷돌 모양의 돌도 놓여 있었다. 예수님께서 부활하셨을 때 무덤을 막아 놓았던 저런 돌이 굴러 내려졌을 것이다.

나자렛(Nazareth) 주민의 대부분은 아랍인들이다. 나자렛에 있는 성모 영보기념대성당(the Church of the Annunciation)은 마리아가 주의 천사를 통해서 아기 예수를 잉태하게 되리란 소식을 전해 받은 곳에 세워졌다. 대천사 가브리엘이 성모님을 만났던 그로토가 성당 1층에 잘 보존되어 있다.

전승에 의하면 이 토굴집은 현재의 것보단 더 컸었는데 당시 로마의 한 장군이 자신의 딸을 치유하기 위해서 벽 일부를 떼어서 이태리 로레토로 따로 옮겨놓았다 한다. 이 벽이 보관된 이태리성당은 로레토 성가(Holy Family)성당인데 나와 아내는 2년 전 그곳에 순례를 가서 바로 그 벽 앞에서 마리아의 잉태하심을 묵상하며 가족들을 위해 기도한 적이 있었다. 그런데 오늘 여기 나자렛에서 감격스럽게도 그 벽의 본체 그로토를 보며 그 앞에 서게 된 것이다. 당시에도 우리 부부는 나자렛에서 멀리 떨어진 이곳 로레토에서 성모님 생가의 일부를 보고 있다는 생각에 그 앞을 좀처럼 떠날 수가 없었다.

우리들 앞에선 인도 순례객들이 그로토 앞에서 기도하고 있어서 우린 차례를 기다렸다. 이윽고 우리들도 그 앞에서 무릎을 꿇고 다 같이 삼종기도를 바쳤다. 정말로 감격적인 순간이었다. 기도를 마치고 다시 계단을 올라가 1층 성당에서 그로토를 향해 장궤를 하고 다시 성모송 한 단을 암송하며 기도를 드렸다. 감사의 마음이 온몸에 감돌며 기분이 참 좋아진다. 주님의 뜻에 무조건 순종하는 성모님의 기운이 느껴지는 것 같았다.

그 후 근처 시장 골목에 있는 사원성당에 들렀다. 이곳에서 예수님께선 율법학자들과 논쟁도 하셨을 것이다. 예수님을 받아들이지 못한 유대인들로부터 목수 요셉의 아들이 건방지게 아는 척한다는 비판도 받았을 것이다. 급기야 예수님께선 마귀들의 유혹을 물리치시고 고향에선 환영받지 못한다는 말씀을 남기시고 갈릴리로 선교여행을 떠나셨다.

일요일 오후 동방정교회에서 운영하는 사원성당의 문은 굳게 잠겨 있었다. 오전에 예식이 다 끝난 모양이다. 때문에 사원성당 내부를 전혀 볼 수 없었다. 그래서 그랬을까 한편으론 잘 지어진 성당보다 남루한 사원성당이 더 오래되고 예수님 시대와 더 가까운 시기에 지어진 것 같아서 예수님의 발자취를 더듬어 보는데 더 좋은 것 같았다. 아무튼, 아이러니하게도 들어가 보지도 못한, 좁은 시장 골목 건물들에 파묻혀 그 입구조차 찾기 어려운, 이 남루해 보이는 조그마한 사원성당에서 예수님 당시의 모습이 더 잘 그려지는 것 같았다.

그다음 방문한 곳은 성 요셉 또는 가정성당(the Church of St. Joseph)이다. 이 성당은 조금 전에 순례했던 성모영보기념 대성당과는 프란치스코회 수도원 건물을 가운데에 놓고 붙어있었다. 성지 대부분 성당들이 그러하듯이 성요셉 성당도 요셉 성인의 생활터 위에 세워져 있었다. 해서 성당 옆 계단으로 내려가 보니 성당지하에 집터 벽 등 유적유물들이 나타난다.

성요셉 성당 순례를 마치고 3시부턴 프란치스코 수도회의 한 성당을 빌려 조용히 우리 순례객들만의 주일미사를 드렸다. 이 베드로 신부님께선 우리들의 순례 한 발짝마다 주님의 은총을 기원하시고 참석자들에게 차례로 한 사람씩 이번 순례 중 간절히 청하는 것이 무엇인지 한마디씩 얘기하라고 요청하였다. 주님께 감사드리고 싶다, 주님께 다가가고 싶다, 가족의 병치유를 원한다, 주님을 알고 사랑하고 싶다, 그리고 예수님의 발자취를 따라가고 싶다 등이 순례의 이유였다.

이 신부님은 이번 순례에서 회심을 간청하기로 하였다고 얘기하였다. 2000년 전에 예수님께서 태어나시고 그분께 일어난 사건들이 먼 과거에 그분께만 일어난 것이 아니라 그분을 만나러 온 우리 모두에게 일어난 것임을 환기시키면서 하느님의 충만한 사랑을 느끼며, 과연 나는 누구인가에 관한 자신 삶의 이해 깊이를 찾아 나가자고 강론하였다. 아울러 스스로가 고귀하고 아름답고 소중한 사람임을 깨닫고 동시에 내 옆 사람들도 그러함을 깨달아 원하는 은총을 꼭 이룰 수 있도록 기도하자며 강론을 마쳤다.

미사를 드리고 우리는 오늘 마지막 순례지인 가나(Cana)로 향했다. 가나는 나자렛에서 언덕을 넘어서 약 8km 떨어진 곳에 있는데 예수님께서 어머니의 부탁을 받아 결혼잔치에서 물을 포도주로 바꾸는 첫 번째 기적을 행하신 곳이다. 가는 길이 외길이라 교통이 약간 정체되는데, 언덕 주변엔 쓰레기더미도 보이고 지저분하다. 아랍인들의 지역인 것 같다. 여기에 기념성당 (the Church of the Cana Wedding)이 세워졌다. 성당의 순례를 마치고 우린 이 성당 옆 한 채플에 모였다. 여기서 우린 이번 순례에 참여한 10쌍 부부 모두의 결혼 갱신식을 가졌다. 조촐하지만 우리 부부들에겐 무척 뜻 깊고 축복받는 행사였다. 난 이 행사에서 앞으론 지금까지 40년이상 헌신적으로 뒷바라지해온 사랑하는 아내 유리안나를 위해 살자고 마음속으로 맹세하고 또 맹세하였다.

식을 마치고 나오니 이미 어두워진 저녁때이다. 중천엔 초승달이 떠있고 경당 밖 마당엔 설치된 우물이며 항아리 등이 전등빛을 머금은 채 놓여 있는데, 혼인예식을 준비하는 일꾼들이 성모님의 말씀, "시키는 대로 하여라."를 듣고 어디선가 곧 우물가로 나타날 것만 같았다. 저 밖에선 흑인 사제 한 분이 경당 문을 잡고 서 있어서 우리는 발걸음을 재촉하였다. 성당 문을 잠글 시각이다.

우린 지도 신부님의 제안으로 저녁 식사 전에 간단히 자신을 소개하는 시간을 가졌다. 한 수녀님은 여러 번 시도했다가 번번이 실패한 끝에 드디어 이번에 참석하게 되었다고 한다. 이어서 한 자매님은 오기 전 넘어져서 크게 다칠 뻔했는데, 이렇게 안 다치고 순례를 올 수 있었다면서 믿거나 말거나 이스라엘 성지 순례는 주님께로부터 보호가 없으면 못 온다고 들었다고 얘기한다. 나도 그 자매님의 얘기에 마음속으로 동의하였다. 대구에서 왔다는 고교동창 부부도 이번에 세 팀이 왔는데 처음엔 일곱 팀이 함께 준비했었다고 한다. 우리 팀도 세 팀이 준비하다가 두 팀만 참여하게 되었고, 난 어지럼증이 갑자기 나타나서 순례를 떠날 수 있을까 내심 걱정했는데 이렇게 참여하고 있다. 소개에서 우리 동서 부부팀 대표이신 형님이 말씀하신 대로, 나 역시 아내 덕분에 주님의 보호 속에서 은총 받는 성지순례에 참석하고 있다.

지금, 이보다 더 좋은 게 무엇이란 말인가! 난 매일 매일 주님께서 풍성히 베풀어 주시는 은총에 감사드리며 즐기는 성지순례를 하고 싶다. 오늘은 시차도 적응하면서 강행군에 지치고 감격스러움에 파묻혀 샤워를 마치자마자 기도도 잊고 그냥 곯아떨어졌다. 이렇게 둘째 날 일정을 마쳤다.

"예수님을 좀 더 가까이 느낀 여행, 이스라엘"

제13장 갈릴리 호수

'18. 11. 12. (월) 대체로 맑고 간간이 구름 끼고 한차례 비 옴

"행복하여라, 온유한 사람들!
하늘나라가 그들의 것이다."

Galilee (1)

오늘도 어제와 마찬가지로 6시 반에 아침을 하고 7시 45분에 버스에 탑승하여 출발하자마자 '순례자의 기도'를 바쳤다. 예수님의 발자취를 따르는 우리를 잘 인도해주시기를 청원하였다. 돌이켜보면 어제 우린 환희의 신비 1단, '마리아께서 예수님을 잉태하심을 묵상합시다'하고 기도했었던 바로 그 현장과 또 빛의 신비 2단, '예수님께서 가나에서 첫 기적을 행하심을 묵상합

시다'하고 기도했었던 현장을 가 보았던 것이다. 앞으로 묵주기도를 드릴 적엔 어제 본 현장을 떠올리면서 보다 덜 형식적으로 기도하게 되길 기대해본다. 오늘의 일정은 갈릴리 호숫가에서의 주님의 행적을 돌아보는 것이다.

갈릴리 호수의 북쪽에 위치한 헤르몬산(Mount Hermon)에 쌓인 겨울 눈은 요르단강을 타고 갈릴리 호수로 유입된다. 갈릴리 호수는 해저 200여 미터에 놓여 있는 데 반해, 호수는 깊은 절벽으로 둘러싸여 있고 호수 주위 어떤 가장자리는 해발 300미터가 넘는다. 이런 높은 고도차이로 인해 때론 호수엔 바람이 많이 불고 거센 파도를 일으키기도 한다. 예수님께선 폭풍이 불 때 낮잠을 자다 깨어나서 바람을 잠재우기도 하셨다.

이 호수는 여러 종의 물고기가 풍성하기 때문에 이를 잡는 어부들이 많았다. 어부인 베드로도 이곳에서 예수님을 만나 '사람 낚는 어부'가 되었다. 호수의 남서쪽엔 비둘기 계곡(the Valley of Pigeons)이 있는데 예수님은 가나나 나자렛을 방문할 때 이곳을 이용하셨고, 계곡 위쪽엔 경사가 가파른 아벨산(Mount Arbel)이 있는데 그 산꼭대기에서 보면 갈릴리 호수와 그 주위 마을 전경이 잘 보인다고 한다.

오늘 첫 번째 방문한 곳은 숙소에서 호수 반대편에 위치한 게라사(Gerasa: 또는 현재 지명 쿠르시(Kursi))였다. 예수님께선 배를 타고 풍랑을 만나 호수를 잠재우시고 배로 호수를 건너오

셨지만, 우린 편안히 버스를 타고 육로로 갔다.

마귀가 들린 채 공동묘지에서 돼지무리를 치며 거친 삶을 산 자신을 '군대'라고 소개했던 사람을 예수님께서 치유해 주신 곳이다. 마귀를 쫓아내자 그 악령이 키우던 돼지 속으로 들어가 2000마리나 되는 수많은 돼지들이 절벽에서 호수로 뛰어들어 익사했던 곳이다. 그 사람은 예수님을 따라나서려 했으나 예수님께선 그 사람에게 그냥 "집으로 돌아가, 주님께서 너에게 해주신 일과 자비를 베풀어 주신 일을 모두 알려라."라고 하셨다.

게라사땅 평지에 있는 오래된 성당 유적 안에서 관련된 성경 말씀을 듣고 묵상하고 유적들을 돌아본 후 잠시 산 중턱에 올라 호수와 들판을 내려다보았다. 산 중턱에도 아래 성당 유적 터 바닥에서 본 것과 유사한 모자이크가 바닥에 두세 평 정도 깔려 있는 것으로 보아 비잔틴 시대 당시엔 이곳엔 작은 경당이 있었던 것 같다. 아무튼, 돼지들을 키웠던 것으로 보아 당시 게라사는 이방인들의 동네였다고 해서 그런지, 아니면 치유는 받았지만 마귀가 들려 괴성을 질렀던 험한 사람이 살았던 동네였다고 생각해서 그런지 내겐 썩 정이 가는 곳은 아니었다. 게다가 그 곳에서 우릴 재촉하는 현지 가이드의 태도나 말씨도 다소 당황스러웠다.

게라사를 떠나 두 번째 찾아간 곳은 벳사이다(Bethsaida)였다. 여기서 출토된 유물들로 보아 여긴 예수님 시절엔 어촌마을이었다 한다. 그런데 지금은 호숫가에서 육지로 한참 들어와 있는 곳에 위치하고 있어서 벳사이다가 호숫가에 접한 어촌마을이라 곧 믿겨지지 않았다. 그만큼 갈릴리 호수의 담수량이 줄어든 것이다. 마을 흔적도 거의 없어 관련된 복음을 읽을 때도 이곳에서의 예수님의 모습이 좀처럼 그려지질 않았다. 그곳 길가에 있는 한 웅덩이 앞엔 6일 전쟁 당시 요르단 참호였다는 팻말만 쓸쓸하게 꽂혀있었다.

세 번째 찾아간 곳은 진복팔단 성당(the Church of the Beautitudes)이었다. 이 성당은 언덕 위에 위치해 있으며 갈릴리 지역에서 가장 아름다운 성당이다. 갈릴리 호수를 내려다볼 수 있는데 입구엔 종려나무와 꽃들이 도열해 있다. 진복팔단 영문 성경 구절도 성당으로 오르는 진입로에 하나씩 설치되어 있어서 난 하나씩 카메라에 담으며 들어갔다. 성당외형도 진복팔단을 의미해서 팔각형의 모양을 딴다. 예수님잉태 성당과 마찬가지로 이태리 성당건축가 지오바니 뮤지오가 설계했으며 마태오복음 5장에 기술된 예수님께서 진복팔단, 참 행복을 설교하셨던 바로 그 자리 위에 세워졌다.

난 우선 성당 안에 들어가 묵상을 하였다. 편한 것만 추구했었고 때론 참지 못하는 자신을 되돌아보면서 앞으론 보다 온유한 사람이 되었으면 좋겠다고 희망했다. 아울러 주님께 대한 감사의 기도와 더불어 가족 친지들을 위해서 기도한 후 성당을 빠져 나왔다. 성당 밖은 복도로 둘러싸여 있어 한 바퀴를 빙 돌 수 있게 설계되어졌다. 난 성당 뒤편 양지바른 복도에 서서 꽃과 나무가 있는 아름다운 성당 정원과 저 멀리 갈릴리 호수를 내려다본 후 성당 벽에 기대어 엉덩이를 깔고 앉아 잠시 진복팔단 묵상도 즐겼다.

진복팔단을 생각하면 내게 떠오르는 인물은 바로 이태석 신부님이다. 오지 아프리카 남수단 톤즈에서 가난한 이들을 위해 예수님의 사랑을 헌신적으로 실천하다가 짧은 생을 마감하신 그분을 생각하면 난 지금도 눈시울이 뜨거워짐을 느낀다. 그리고 주님께서 말씀하시는 소리가 들린다.

"행복하여라, (마음이 가난하고, 슬퍼하고, 온유하고, 의로움에 목마르고, 자비롭고, 마음이 깨끗하며, 평화를 이루고, 그리고 의로움 때문에 박해받은) 이태석 신부야! 하늘나라가 바로 너의 것이다."

그래 맞아! 마음은 가난하게, 그리고 자비롭게, 그리고 온유하게 살아야 해! 그런데 정의만 너무 주장하면 때론 힘들지 않을까? 주위엔 비판할 일 못마땅한 일들이 너무 많아 정의의 잣대를 들이대면 나만 피폐해 지지. 그렇다고 또 난 다 정의롭다고 생각해서도 안 되겠지. 아무튼, 난 스스로 정의롭게 살려고 노력은 해야 하지만 그렇다고 남을 판단하지는 말자….

다음 찾아간 곳은 타브가(Tabgha)에 있는 오병이어 성당(the Church of the Multiplication)이었다. 타브가란 명칭은 예수님께서 첫 번째로 사도들을 부르신 근처 지명 일곱 우물터를 의미하는 그리스어 헵타페곤(Heptapegon)에서 유래되었다고 한다. 이 성당은 예수님께서 오병이어로 감사를 드리신 다음 5000명의 군중을 먹인 곳, 오병이어의 기적(the Multiplication of the Loaves and Fishes)을 보여주신 바로 그곳 위에 세워졌다.

최초 이곳의 비잔틴 교회는 5세기에 세워졌었으나 유실되고 현재의 성당은 1936년에 독일 분도회가 세운 것이다. 이 성당 제대 앞 바닥에 있는 빵과 물고기 모자이크는 우편엽서나 장식 품목에 복사되어져 잘 알려졌다. 그런데 자세히 보면 광주리 속에 담겨져 있는 빵은 다섯 개가 아니고 네 개다. 하나는 광주리 안에 들어있어 안 보이는 것일 수도 있고, 아니면 제 대 위에 올려져 있다고 해석할 수도 있는데 난 후자라고 생각하고 싶었다. 가이드의 설명에 의하면 오병이어의 기적을 행하신 곳은 현 위치가 아니라 벳사이다 근처였을 것이라고 추정한단다.

오병이어의 기적 이야기는 내가 가장 좋아하는 이야기이고 읽을 때마다 왠지 생생하게 당시의 모습이 그려져 그 기적의 현장이 정확하게 어딘지는 크게 개의치 않는다. 그런데 현재의 위치와 벳사이다는 다행히 그리 멀리 떨어져 있지 않았고, 모두 호수 북쪽 편에 있었다. 배불리 먹인 장정만도 오천 명이라니! 당시 예수님은 인기가 참 많으셨던 모양이다. 이런 말을 하는 나도 괜히 신이 난다.

어떤 사람들은 오병이어로 5000명을 먹이신 것은 사실 예수님의 말씀을 듣고 감화되어 군중들이 가지고 있던 음식을 다 꺼내어 놓다 보니 자연히 그렇게 된 것이라고 해석하는 사람들도 있는데, 이는 기적을 행하시는 예수님의 신성을 폄하시키려는 의도일 수 있으니 경계하여야 한다고 마틴 신부는 강조한다. 나도 이 말에 전적으로 동감한다.

이어서 우리 일행은 갈릴리 호수에서 배 타기를 하였다. '예수님'을 읽어보면 이 책의 저자인 마틴 신부는 상상력도 풍부한 신학자이다. 가령 예수님께선 베드로 소유의 어선을 타고 호수로 조금 나가서 호숫가에 모여든 수많은 군중들을 향해 설교도 하셨을 거라 한다. 뭍에서보다 물 위에선 소리가 잘 퍼져나가는 데다 갈릴리 호수가 어떤 곳은 원형극장처럼 움푹 들어와 있어 스피커를 이용한 것처럼 잘 들린다는 것이다.

배 위에서 호숫가에 모인 군중들을 향해 설교하시는 예수님을 상상하면 왠지 예수님이 아이돌 가수 같다는 느낌으로 다가오는데, 이는 내가 너무 세속적이어서 그런가 보다. 또 벳사이다에서 오병이어의 기적을 일으키실 때도 예수님께선 치유의 기적 등 소문을 듣고 온 사람들을 피해서 배를 타고 갈릴리 호수로 나가셨었단다.

당시 배의 속도가 워낙 느린 데다 오늘 갈릴리에서 배를 타보니 갈릴리 호수가 마을 도처에선 예수님의 배가 어디로 향하고 있는지를 볼 수도 있었다. 해서 동네 사람들이 사방에서 예수님

배의 행선지인 벳사이다쪽으로 모여들어 장정만도 5000명이나 되는 군중이 운집하게 되었다는 것이다. 이러한 상상력을 동원한 스토리텔링은 재미도 있고 설득력도 있어서 나같이 남의 말 잘 듣는 사람에겐 잘 전달된다.

마지막으로 사실에 근거한 상상력 하나를 더 얘기해 보자. 예수님께선 고향인 나자렛에선 배척당하셨다. 그런데 얼마 떨어지지 않은 갈릴리 호숫가 마을에선 엄청나게 인기를 끄셨다. 나자렛에서의 실패의 경험을 반면교사로 삼아서 갈릴리에선 보다 성숙된 스타일로 접근해서 그런 것일까? 아니다. 이것으로는 설명이 다 안 된다. 그 이유는 나자렛이 예수님께서 어린 시절을 보내시고 성장하시는 동안 그곳 주민들이 다 지켜보고 알았기 때문이기도 하지만, 나자렛은 보수적이며 약간은 폐쇄적인 시골 깡촌인데 반해 갈릴리 지방은 어업과 상업이 번창한 개방적이며 소득수준이 높았고, 새로운 문화, 사상, 문물 등이 비교적 자유롭게 교류될 수 있은 곳이었기 때문이다. 오히려 폐쇄적인 나자렛에서 무척 환영받아서 그럴 리는 없으셨겠지만, 그곳에서 좀 더 오래 머무셨던 것보단 빨리 갈릴리 지방으로 나오셨던 것이 사목활동의 효과 면에선 더 좋았을 것이다. 난 또다시 세속적인 잣대로 평가하려는 우를 범하고 있는지도 모르겠다. 아무튼, 상상력을 발휘하는 것은 재미있다.

오늘 갈릴리 호수는 잔잔한 편이어서 풍랑을 만나 두려워하는 제자들과 풍랑을 잠재우시는 예수님을 상상하기엔 거리가 멀었다. 우리 순례팀만을 태운 배가 항구를 떠나자마자 곧 선원들이 선상에 태극기를 게양한다. 우리 모두는 누가 지시한 것도 아닌데 모두 일어나 가슴에 손을 얹고 애국가를 합창하였다. 실로 오랜만에 애국가를 불러보았다. 우리말 노래 국가가 갈릴리 호수 위로 퍼져나갔다.

갈릴리 호수는 남북으론 21킬로미터로 뻗어있고 동서론 가장 긴 곳이 12킬로미터란다. 지금도 계속 물의 수위가 낮아지고 있어서 2000년 전에 이 호수는 이보단 훨씬 더 넓었을 것으로 짐작된다. 호수가 현재보다 넓고 기후변화도 심하면 호수 왼편 아벨산에서 강풍이 불어와 풍랑이 거세질 것이란 것도 짐작이 간다.

호수 동쪽 언덕 밑이 오전에 갔던 게라사이고 앞쪽에 벳사이다가 위치해있고, 그 왼쪽 옆 햇볕 든 양지바른 저 언덕 위에 행복선언 기념성당이 서 있다. 호수에서 보는 갈릴리 호수 주변 광경이 참 아름답고 은혜스럽게 느껴짐은 순례객 우리 모두의 생각이다. 이 기운을 받은 우리는 덩달아 행복해진다. 모두들 표정이 한결같이 선하고 밝다. 여기서 호흡하며 움직이고 보고 즐기는 것은 다 예수님과 함께 하는 것이어서 그렇다.

호수 위 우리를 태운 배 위에서 우리 눈이 가는 곳은 어디나 호수 위에서 고기를 잡는 또 다른 배에서나 호수 주변 마을에서나 멀리 언덕 위에서나 또 더 멀리 산 위에서도 그리고 무엇보다도 우리들의 마음속 깊은 곳에도 예수님께서 가르치고 계시고, 기도하고 계시고, 치유해 주고 계신다. 이런 생각이 성지순례와서 갈릴리에 와서 내 머리를 지배하니 이것이야말로 이스라엘 성지순례의 풍성한 은총이라고 말하고 싶다. 이런 생각을 하며 얼마 지나지 않았는데 벌써 우리 배는 떠나온 항구로 들어가고 있다.

아벨산이 가까이 보인다. 예수님 흉내 내보려고 선상에 한번 눕고 싶었지만, 너무 티를 내는 것 같아서 꾹 참았다. 우리가 하선하는데 갑자기 비가 지나쳐간다. 이곳 기후가 변화무쌍하다는 것을 의심 많은 김 도마에게 보여주시는 것이다. 인도 순례객 무리, 영어와 영어 아닌 외국어를 사용하는 백인 순례객 무리들이 배를 타러 항구로 들어온다.

갈릴리 호수는 깊은 곳은 40미터 정도 되고 사는 고기는 40여 종 가까이 된다고 한다. 부활하신 예수님의 말씀에 따라 그물을 던져 잡은 물고기의 수가 153마리였다 한다. 153이란 숫자는 많은 고기, 그래서 많은 사람들을 의미하는 것이란다. 점심으로 먹은, 갈릴리 호숫가 한 식당에서 튀겨서 나온 암눈, 일명 베드로고기(St. Peter's fish)라고 하는 붕어과 민물고기는 오히려 그 크기가 붕어보단 잉어에 가까웠다. 요리를 잘해서 그런지 민물고기 냄새가 나지 않아서 그 살을 맛있게 먹었다. 뼈는 매우 억셌고 지느러미도 매우 단단해서 오히려 바닷고기 도미와도 유사했다.

오늘은 베드로 수위권 성당(the Church of St. Peter) 앞에서 야외미사를 드렸다. 야외미사를 드리는 제대 뒷면 벽엔 지팡이를 잡고 서 계신 요한 바오로 2세 교황님의 모자이크 초상화가 있었다. 오후 2시에 김정식의 '나를 따르라'를 입당성가로 부르며 오늘의 미사가 시작되었다. 시작에 앞서 이 베드로 신부님은 잠시 오늘 하루 순례를 하면서 마음이 어떻게 흘러왔는지를 묵상하며 특히 마음속으로 잔잔히 울림을 주는 이야기 경험 말씀 등을 묵상하며 또 미사 중에 기도해주고 싶은 얼굴들을 떠올리며 기억하고 봉헌하자며 우리들을 미사에 초대하였다.

난 잠시 우리 애들, 돌아가신 조상들, 어려움을 겪고 있는 친지들의 얼굴을 떠올렸다. 그리고 오늘 갈릴리 호수 주변과 호수 위에서 배를 타면서 그리고 진복팔단 성당에서 여기가 성경으로만 접했던 예수님께서 2000년 전에 활동하셨던 바로 그 장소에 있다는 생각에 기쁘고 감격스럽고, 또 마음이 평안했던 분위기를 잠시 떠올렸다.

어젠 주님탄생 예고성당의 한 경당에서 미사를 드렸기 때문에 탄생예고와 관련된 복음 말씀을 들었는데, 오늘은 수위권 성당 앞에서 미사를 드리므로 수위권과 관련된 복음 말씀을 들었다. 오늘 게라사, 벳사이다, 오병이어 성당, 그리고 행복선언 기념성당을 거쳐 배 타기를 하고 지금 수위권 성당에 와서 관련 복음 말씀도 함께 들었는데, 과연 생생하게 다가오는 사건과 장면들이 무엇인가? 하고 질문을 던지며 강론 말씀을 시작하셨다.

"배에서 고기 잡는 모습, 풍랑을 잠재우시는 모습, 잡아 온 고기를 구우며 함께 식사하시는 모습 등등이 전엔 문자로만 전해졌었는데, 이젠 문자를 넘어서 보다 리얼하게 전달받게 됩니다. 글자가 아니라, 우리 순례객들 중 누군가 얘기했듯이, 이젠 성경이 그냥 펼쳐지는 것 같습니다. 성지순례에선 우리가 예수님 당시 사건의 현장 속으로 들어와 있는 것입니다. 이 순간 우린 좋은 선물을 받고 있다고 생각하게 됩니다.

게라사에서 마귀 들린 사람이 예수님으로부터 치유를 받고 예수님을 따라나서려 했을 때, 예수님께선 그에게 고향에 가서 체험한 것과 자비와 사랑을 알리라는 역할을 부여해 주셨습니다. 또 이 자리에선 베드로에게 예수님께서는 하늘나라의 열쇠를 맡기셨습니다.

그렇습니다. 지금 여기에서 예수님을 따르겠다고 나선 우리에게도 예수님께선 이렇게 좋은 것을, 그리고 역할을 부여하고 계십니다. 그 역할과 책임이 예수님을 알리고 전달하라는 것이라면 우리는 과연 어떤 방식으로 할 수 있을까요? 이렇게 끊임없이 예수님께선 우리에게 메시지를 던지고 계시는데, 각자 생각해 봤으면 좋겠습니다. 남은 순례 기간 동안 예수님께서 부탁하시는 말씀들을 찾고 '이것 하나는 꼭 하고 가자'고 다짐해 봅시다."

이 순간 난 온유하게 살며 주위에서 평화를 가져오게 하는 역할을 했으면 좋겠다는 생각이 또다시 문득 스쳐 지나갔다. 순례한 지 2, 3일밖에 되지 않았지만, 현지 가이드의 태도와 말씨 등에 불편함을 느끼는 분위기에 신경을 쓰고 있기도 하고, 또 조금 전 진복팔단 성당을 걸어 올라갈 때 진입도로 옆 아래에 세워놓은 '행복하여라 온유한 사람들'이란 글씨 판이 눈에 확 들어왔었기 때문이다.

"절망감, 무의미함, 어두움 등의 가운데에서 나타나서서 희망의 메시지를 던져주시는 장면, 제자들을 위해 아침 식사를 준비하시는 예수님, 그분은 또 어떤 때는 누군가를 통해 지친 우리 영혼에 힘을 주셨습니다. 많은 걸 나누고 베푸시며 많은 사람을 먹이셨던 그분, 우리도 고마우신 그분을 본받아 많은 이들을 먹여 살립시다."

이 대목에선 난 또 행복하게 이웃과 빵을 나누기를 희망하게 되었다.

"3년을 기다리며 준비해 온 시간이니만큼 조금이나마 변화되고 달라졌으면 좋겠습니다. 이러한 변화가 머무는 삶의 자리를 행복하게 만들 것입니다."

기도가 필요한 이, 빵을 나눠주고 밥상 차려줘야 하는 이들을 기억하고 묵상하자는 말로 강론 말씀을 마쳤다. 이 순간 난 아직도 순례에 와서 기쁘고 즐거운 마음만 지녔지, 상상력이 제대로 발휘되고 있지 않음을 느껴 다소 부끄러웠다. 그리고 내일부턴 좀 더 예수님 당시의 상황으로 들어가 묵상하며 더 일체감을 느껴보자고 다짐하고 있었다.

성 베드로 성당, 수위권 성당(the Church of St. Peter)은 예수님께서 부활하신 후 처음으로 베드로를 만나 대화를 나눈 곳에 세워졌다. 예수님께서는 숯불과 빵을 준비하시고 갈릴리 해안 물가에 앉아서 고기를 잡으러 나간 베드로를 기다리셨다.

1933년에 흑색 현무암으로 지은 이 성당은 다른 성당들과는 다른 느낌을 준다. 성당 내부엔 'Mensa Christi'란 라틴 글자가 새겨진 암석이 있는데 이는 주님의 밥상(the Lord's Table)이란 의미이다.

전승에 의하면 이곳에서 부활하신 예수님께서 사도들과 함께 음식을 나누어 드시고 사도들을 축복해주셨다 한다. 이 암석은 교회 건물 바깥까지 연장된다. 성당 정원에는 예수님께서 베드로 머리 위에 손을 내밀며, "내 양 떼들을 먹여라."라고 말씀하시는 동상이 서 있다.

미사를 마치고 나는 우선 성당 정원에 서 있는 예수님과 베드로의 동상 앞에서 갈릴리 호수를 배경으로 기념사진을 찍은 후, 해변으로 내려가 바깥으로 연결된 주님의 식탁 암석에 초점을 맞춰 성베드로 성당의 모습을 확인하였다.

이어서 갈릴리 호숫가로 내려가 지체 없이 신발과 양말을 벗었다. 참을성 없고 때론 조급한 베드로 생각이 났다. 바닥이 약간 미끄럽고 또 바닥에 깔린 돌엔 아주 작은 검은 것들이 붙어 있어서 발바닥에 상처를 줄 수도 있다. 해서 조심스럽게 한 발짝씩 물속으로 걸어 들어갔다. 물은 전혀 차갑지 않았다. 순간 부활하신 예수님을 알아차리자마자 바로 배에서 호수로 뛰어내린 베드로를 생각하였다. 두 번째 베드로 생각이다. 그리고 이 순간을 오랫동안 간직하고 싶어서 사진을 찍었다. 수영을 배울 때 물을 두려워하는 나에게 코치는 '사람은 원래 모태에 있을 적부터 어머니 양수 속에 있었기 때문에 물은 사실 인간에게 평안함을 준다'고 설명하였다. 그 후론 난 물을 참 편안하게 느꼈다.

이 갈릴리 호숫가에서도 부활하신 예수님의 기운을 느껴서인지 아니면 조금 양보해서 그 기운을 느꼈다고 억지를 부리고 싶어서인지 왠지 아주 편안했다. 그런데 호수에 발만 담갔는데도 더 편안해지는 것이 무척 기쁘고 감격스럽다. 부활하신 예수님을 뵙고 다가가기 위해서 온몸을 호수에 담근 베드로는 얼마나 행복했었을까. 잠시 세 번째 베드로 생각을 하게 되었다.

갈릴리 호수에서 나와 마지막으로 '주님의 식탁', 부활하신 예수님께서 베드로에게 천국의 열쇠를 맡기신 곳 위에 세워진 기념성당에 들어가 식탁 앞에 무릎을 꿇고 두 손을 식탁 위에 올려놓고, 먼저 북받치는 감사의 기도를 드린 후, 잠시 여러 가족과 친지들의 얼굴을 떠올리며 청원 기도를 드렸다. 그리곤 뒤로 물러나 성당 의자에 잠시 앉아 천천히 정신을 가다듬고 성당 둘레를 돌아보았다.

비록 신앙심에선 털끝만치도 베드로 성인을 닮지는 못하였지만, 욱하고 조급하고 참을성 없음 등은 어떤 면에선 조금은 베드로 성인을 닮은 것이 아닌가 하고 애써 베드로 성인께 다가가 보려고 하는 내 모습을 보면서 속으로 너털웃음을 지었다.

아무튼, 갈릴리 호숫가에 있는 수위권 성당에 와서 야외미사 참례도 하고 은혜로운 강론 말씀도 들으며 주님께서 내게 주시는 역할도 정립해보고, 오래토록 즐겁고 행복한 기억으로 남을 시간을 가짐에 또다시 우리 주님께 감사드린다.

오늘 일정 마지막으로 가파르나움(Capernaum)을 방문하였다. 가파르나움은 구약시대 예언자인 나훔(Nahum)의 마을이란 의미인데 갈릴리 호수 북쪽 연안에 자리 잡고 있다. 예수님은 나자렛을 떠나 공생활을 시작할 때 이곳과 코라진(Korazin)과 벳사이다(Bethsaida)에서 많은 시간을 보내셨다. 성서엔 예수님께서 이곳에서 사원 지도자 야이로(Jairus)의 딸도 구해주셨고, 마귀들도 꺼내주셨으며, 백부장의 부하도 치유해 주셨고, 세리 마테오를 제자로 삼으셨던 것으로 기록되어 있다.

먼저 베드로의 집터 위에 세워진 성당을 방문하였다. 당시 이곳 베드로 집엔 입추의 여지없이 운집해 있던 사람들 때문에 예수님께 접근할 수 없어 병자의 친구들이 지붕을 뚫고 거동할 수 없는 병자를 들어 올려 예수님 앞에 내려놓았다. 예수님께선 그 친구들의 믿음을 보시고 병자를 고쳐주셨다. 친구들을 잘 만나 그 친구들이 믿음이 강하면 이렇게 치유를 받는다.

성당 아래엔 집터 유적들이 있었고 성당 중앙 바닥은 투명하여 그 집터를 성당에서 내려다 볼 수 있었다. 성당을 이렇게 설계한 것은 바로 지붕을 뚫었던 성경이야기를 표현한 것이라고 가이드가 설명한다. 당시 지붕은 이곳에서 흔히 나오는 대추야

자잎을 엮어서 만들었을 것이라 한다.

　성당에서 나와 그 옆 사원과 마을의 유적들을 설명해주는데 난 그것들엔 관심이 별로 없어서 다소 지루하였다. 대신 설명이 다 끝나고 반대편 갈릴리 호숫가로 나가보니 성당 앞마당 호숫가엔 지팡이를 짚고 있는 베드로가 호수를 등지고 서 있다. 멋있어서 사진을 찍고 싶어진다. 그리곤 저녁때 갈릴리 호수의 풍경을 보니 예외 없이 정겹고 아름답고 평온하게 느껴진다. 마냥 머물고 싶은데 버스를 타라고 재촉한다. 이렇게 갈릴리 호숫가에서의 감격스러운 첫날 하루가 마감되었다.

> ❝예수님을 좀 더
> 가까이 느낀 여행,
> 이스라엘❞

제14장 바니야스

'18. 11. 13. (화) 맑음

"스승님은 살아계신 하느님의 아들 그리스도이십니다."

Galilee (2)

버스를 타서 순례자의 기도와 주모경을 드리는 것으로 7시 30분에 일정이 시작되었다. 먼저 오늘은 갈릴리 호수에서 북쪽으로 올라가 헬몬산으로 갔다. 이 산은 1967년 6일 전쟁에서 요르단으로부터 뺏은 골란고원(Golan Heights) 북쪽 끝에 위치해 있다. 이스라엘은 명분상으로 자기네 조상들이 살았던 땅이기 때문에 이곳을 차지한다고 내세웠지만, 실제로는 물을 얻기 위해서였다. 이스라엘 사람들에게 필요한 물의 적어도 40% 이상을 공급해주는 갈릴리 호수의 발원지가 바로 이 산에 있기 때문이었다.

식용수는 유럽과 중동 여러 나라에서 수입하고 있으며, 하숫물은 철저히 재생하여 주로 농업용수로 사용된다. 6개월간에 걸쳐 자연 정수를 함으로써 도심 근처 도처에 산재한 정수시설 곁에 가면 고약한 냄새가 나는데 그 물로 키운 각종 채소들은 수출할 정도로 풍부하다. 아무튼, 전략적으로 갈릴리 호수를 지켜내려면 헬몬산을 지켜야 했다.

골란고원에 들어서서 보니 예전에 요르단 군대가 사용했던 건축물 등이 곳곳에서 눈에 띤다. 잠시 산자락 아래 버스가 정지한 곳에서 내려다보니, 우선 바로 앞에 과수원과 밭들이 눈에 들어오고, 그 뒤로 보이는 건물들엔 평화유지군이 주둔해 있는데, 그 건물 뒤편 철조망 너머가 바로 요르단 땅이다. 마치 우리나라 휴전선 근처 전망대에 들어선 기분이 든다.

이곳 기온은 섭씨 10도 정도인데 바람도 제법 불어 우리가 느끼는 체감기온은 5도 안팎이다. 버스로 조금 더 들어가니 드디어 가까이에 이스라엘 민족의 영산인 보물산 헬몬산이 눈에 들어온다. 이 산은 레바논과 요르단이 이스라엘과 나누어 차지하고 있는데 요르단강의 발원지이기도 하지만 목축업과 농업과 관광업의 보고이기도 하다. 어제 저녁때 이곳 포도밭에서 나온 포도주도 마셔봤는데 맛이 괜찮았고, 오늘은 이곳에서 생산된 사과도 사서 먹었다.

이곳에서 사는 사람들은 갈멜산에서와 마찬가지로 주로 아랍계 두르즈족이다. 헬몬산 정상은 해발 2814미터로 우리나라 백두산보다 조금 높다. 겨울엔 스키어들로 붐비는데 스키 리프트를 타고 산 정상에 오르면, 동쪽으론 시리아의 다마스커스를, 서쪽으론 지중해를, 그리고 남쪽으론 요르단강과 갈릴리 호수를 볼 수도 있다고 한다.

먼발치에서 헬몬산을 쳐다보고 서남쪽으로 갈릴리 호수를 향해 내려오는데 가이드가 저 건너편 남부 레바논 계곡이 한국의 동명부대가 예전에 주둔했던 곳이라고 일러준다.

내려오면서 첫 번째 들린 곳은 카이사리아 필리피, 바니아스 (Caesarea Philippi, Banyas)이다. 바니아스는 당시 이들이 모시던 그리스, 로마 시대의 자연신 판(Pan)에서 연유하였다 한다. B.C. 20년에 헤롯왕이 로마의 위임을 받아 이곳에 도시를 건설하였고, 당시 로마 황제의 이름을 따서 Caesarea로 명명하였었다. 이후 헤롯왕의 아들 헤롯 필리피가 도시를 더 꾸미고 확장하고 지중해에 있는 카이사리아와 구별하기 위해서 자신의 이름을 집어넣어 Caesarea Philippi로 변경하였던 것이다.

나중엔 세 번씩이나 예수님을 모른다고 부인했던 베드로가 확실히 예수님의 수제자였음을 보여준 장소가 바로 바니아스였다. 즉 여기 카이사리아 필리피 지방에서 예수님께서 제자들에게, "그러면 너희는 나를 누구라고 하느냐?"하고 물어보았을 때, 시몬 바르요나는 서슴지 않고 "스승님은 살아 계신 하느님의 아들 그리스도이십니다(You are the Christ, the son of the living God.)."하고 확신에 찬 대답을 하였다. 그러자 예수님께서는 시몬의 이름을 반석이란 의미의 베드로로 개명해주셨으며 동시에 수위권도 주셨다. 베드로는 용기 있는 사람이고 외골수이다. 남의 눈치를 보지 않는 사람이다. 이런 소신 있는 사람에게 기회도 오고 축복이 온다.

지금도 헬몬산 남서쪽 산기슭에 있는 동굴에는 아직도 판사원 (the temple of Pan) 유적들이 남아 있었고, 그곳에는 암벽바위를 파고 만든 제단들도 여러 개가 보였다. 바니아스에서 유카립투스 나무들이 도열해 있는 길을 따라 버스를 타고 조금 더 내려오니 텔단(Tel Dan)이다.

텔단은 이스라엘의 소위 '에덴의 동쪽'이다. 물과 나무가 많아서 이스라엘이 아닌 딴 나라에 온 것으로 착각이 들 정도이다. 이곳 텔단의 단 샘(the Dan spring)은 요르단강의 세 발원지 중의 하나인데 수량이 제일 많다. 12지파의 하나인 단 부족이 필리스틴에게 지중해 남서평원을 잃고 이곳에 정착하면서 텔단이란 이름을 얻었다. 단의 언덕이란 의미이다.

우린 이곳에서 약 한 시간가량 숲속 자연보호구역을 트레킹하며 수원지인 샘과 단 강 지류도 보며 또 고대의 제단도 보았다. B.C. 930년에 이스라엘 왕국이 둘로 분열되었는데, 그중 북이스라엘 왕조가 북쪽 단과 남쪽 베델에 두 개의 제단을 세웠는데, 여기에 그 제단 하나가 있는 것이다. 남쪽 제단은 현재까지도 발견되지 않았다고 한다.

계단이 있는 넓은 플랫폼 앞에 큰 번제단이 있고, 그 주변은 벽으로 둘러싸여 있었는데, 현재는 쇠 프레임으로 번제단의 크기를 가늠할 수 있게 해놓았다. 제단엔 번제물로 비둘기, 양, 그리고 부자는 소 등을 바쳤는데 여기선 금송아지를 만들어 바쳤다 한다. 이곳에서 헬라어와 아람어로 '단에 있는 신에게'라 쓰여진 돌판이 발견되었다고 한다. 또한, 당시 지파마다 범죄인이 도피해서 들어오면 보호해주는 도피성을 두었는데 여기에 바로 그 도피성이 있었다 한다.

여기서 마지막으로 B.C.18세기 가나안 시대에 만들어진 성문 등을 보고 우린 다시 갈릴리 호수쪽으로 이동하였다. 그리고 점심 전에 갈릴리 호수 근처에 있는 코라진에 들렀다.

예수님께선 당시 기적들을 많이 일으켜 보여주셨지만, 그럼에도 불구하고 회개하지 않았던 고을들을 꾸짖었는데 그런 곳이 바로 카파르나움, 벳사이다, 그리고 코라진이었다.

여기에서도 사원 등 유적유물을 보았는데 모세의 의자가 이곳에서 출토되었고 우린 그 모조품을 보았다. 벳사이다와 가파르나움과 마찬가지로 이곳엔 현재 사람들이 살고 있지는 않은 것 같았다.

어제 점심을 먹었던 갈릴리 호숫가 같은 식당에서 오늘도 점심을 먹었다. 우리 동서 부부팀은 오늘은 메뉴를 바꿔서 베드로 물고기 암눈 대신 닭튀김과 닭꼬치를 먹었다. 한 번이면 족하다고 생각한 이유도 있지만, 암눈은 모성애가 특별하여 알이 부화될 때까지 알을 입안에 넣고 지내서 먹지도 못한다는 설명을 오늘 들었기 때문인지도 모르겠다. 물론 후자는 갖다 붙인 이유이다.

점심 후 찾아간 곳은 그곳에서 남서쪽으로 약 30여km 떨어진 타볼산(Mount Tabor)이다. 타볼산엔 프란치스코 수도회가 관리하는 예수님 변모 성당(the Church of the Transfiguration)이 있다. 예수님께서 헬몬산 바니야스에서 설교하신 후 엿새 후에 오르신 산이 바로 갈릴리 호수에서 남서쪽에 위치한 이 타볼산이다.

소형버스를 갈아타고 오르면서 난 주님을 향한 감사의 마음과 가족 친지들을 위한 청원 그리고 주님께 좀 더 다가갈 수 있는 지향 등을 가지고 묵주기도 빛의 신비를 바쳤다.

타볼산에 올라서 미사 시작까진 아직 시간이 남아 있어 성당 안과 밖 주위를 둘러보며 사진도 찍고 잠시 묵상도 하였다. 성당 안은 마치 계단식 강의실처럼 되어있었는데, 제대와 성당 초입에 놓여 있는 좌석과의 사이엔 10여 층의 계단이 설치되어 있었다. 제대는 계단 아래쪽 중앙에 배치되어 있는데, 그 주위와 앞 좌석엔 약 50명을 수용할 수 있다. 아래 제대에선 외국순례객들이 미사를 드리고 있다. 우리도 이 미사가 끝나면 그곳에서 미사를 드릴 것이다.

제대 양옆으론 모세 경당과 엘리야 경당이 함께 설치되어 있는 것이 예수님 변모 성당의 특징이다. 이는 예수님께서 영광스러운 모습으로 변모하실 때 모세와 엘리야가 이곳 타볼산에 예수님과 동행했던 베드로와 야고보와 요한 앞에 나타나 예수님과 얘기를 나눈 것을 기념하는 것이었다. 그리고 바깥 뜰 한쪽엔 이 성당을 지은 프란치스코회의 설립자인 프란치시코 성인의 동상도 있었다.

오후 4시, 아름다운 모자이크 성화에 둘러싸인 중앙제대에서 성당 초입 위층의 순례객들이 우릴 내려다보며 기도하는 가운데 한국어로 미사가 집전되었다. 이 베드로 신부님은 오늘 다음과 같은 강론 말씀을 하셨다.

"우리는 오늘 '예수님의 거룩한 변모'라는 의미 있는 자리에 서 있습니다. 잠시 아침부터 지금까지 거룩한 순례 속에서 마음속에 각인시킬 수 있는 한 가지를 떠돌려 봅시다.

난 오늘 아침 갈릴리 호숫가에서 아침 햇살을 맞으며 '오늘도 마주치는 흔적들 가운데서 한 가지만 각인시킬 수 있게 해주십시오, 품고 돌아가서 삶을 변화시킬 수 있게 해주십시오.' 하며 간청하였습니다. 이 순간이 순례에서의 체험이 돌에 새겨진 것처럼 각인되어져, 돌아가서 우리가 만날 가족과 지인 등에게도 전해질 수 있도록 주님께 도움을 청합시다."

"우린 스스로를 어떤 사람이라고 생각합니까? '이는 내가 사랑하는 아들, 내 마음에 드는 아들이니 너희는 그의 말을 들어라.' 하는 주님의 소리가 들리십니까? 예수님께서는 그냥 외적으로 빛나는 모습보다 이 목소리 한마디를 들으심으로써 자신을 그렇게 빛나는 존재로 여기시고 느끼시지 않았을까요?

예수님께선 이곳 타볼산에 오르셨을 적엔 서서히 공적 생활을 마감하시면서 여러모로 절망감, 어두움, 위협 등을 느끼셨을 것입니다. 아마도 하시는 일에 회의나 의심이 드셨을지도 모르겠습니다. 죽을 수도 있다는 두려움을 느끼며 제자들에게 함께 가자고 부탁까지 하시며 깊은 고뇌 속에서 이 산에 올라와 기도를 드릴 때 '내 마음에 드는 아들이다.'라는 하느님의 음성을 듣게 됩니다. 제자들에게 '일어나라. 그리고 두려워하지 마라.'하고 이르신 말씀은 어떤 의미론 자신에게 하신 말씀일 수도 있습니다. 거기서 예수님 자신은 하느님의 사랑받는 자녀로서 다시 힘과 용기를 얻어 산에서 내려와 끝까지 미션을 완수하시게 됩니다."

"그럼 나는 누구인가 우리 존재 자체에 대해 묵상해 봅시다. 부와 명예와 지식 등으로 평가받으려 하지 말고 묵묵히 삶을 살아가면서 그 자체로서 사랑받는 아들이 되려고 노력하는 것이 우리 신앙인의 자세가 되어야 하지 않겠습니까? 작은 것부터 실천합시다. 그래서 우린 옆 사람에게 친절해야 합니다. '옳음과 친절함 사이에서 하나를 선택해야 할 때, 친절함을 먼저 선택하라.'라는 말이 있습니다. 우리가 하느님의 사랑받는 자녀들이란 믿음이 굳건하다면 다른 사람들도 마찬가지이기 때문에 옳고 그름으로 판단하기 이전에 다른 사람들에게 친절해야 할 것입니다.

이번 순례 중에 우리가 어떻게 살아왔던 — 잘 났거나 그렇지 못하거나 또는 잘 살았거나 그렇지 않았거나 — 우리는 하느님의 자녀로서 충분한 자격이 있다는 것을 새기고 돌아가시길 바랍니다."

이때 내가 가장 듣고 싶었던, "너는 내가 사랑하는 아들이다."란 음성이 들려오는 듯하였다. 이헌준 신부님은 목자로서 순례 온 양 떼들에게 희망을 주고 용기를 북돋아 주려고 노력하였다. 이런 가운데 우린 따사로운 햇살을 맞은 것처럼 온몸이 따뜻해지며 기쁨이 넘쳐났다. 미사가 거의 끝날 무렵 성체와 성혈을 영하고 난 후에 비로소 난 지금 내가 앉아 있는 제대 옆이 예수님께서 베드로와 야고보와 요한을 데리고 올라오셔서 기도하시고 거룩하게 변모하신 바로 그 현장이란 사실도 새삼 자각하게 되었다.

그렇다. 여기가 성경에 나오는 예수님께서 변모하신 바로 그곳, 성스러운 곳이야. 여기에 와 있다니! 그 순간 은혜로움이 우리 주위를 맴도는 것 같았다. 그리고 하느님의 말씀에 용기를 얻은 난 다짐하였다. 우선 돌아가서 내가 만날 사랑하는 사람들, 자식들과 지인들에게 얘기해 줄 것이다. 우리가 모두 주님의 마음에 드는 사랑스러운 아들이란 사실을! 그 순간 아래의 음성이 귓전에서 들려오고 있는 것 같았다.

"사랑하는 아들 도마야! 그렇게 얘기하거라. 선한 얘기는 자꾸 하면 좋은 거란다. 그리고 얘기하는 대로 그렇게 된단다. 너는 이미 과거의 체험으로 이 사실을 알고 있지 않느냐?"

예수님의 거룩한 변모 성당을 나서는데 바깥주위는 일몰 직전으로 어둑어둑해지고 있었다. 그런데 이와는 대조적으로 내 마음속으로 상상하는 나의 모습은 훤히 빛나고 있었다. 나뿐만 아니라 내 아내도 동서 형님과 처형 언니 그리고 모든 순례객들의 모습이 그리하였다. 주님께 감사하는 기쁜 마음으로 흠뻑 목욕을 하고 타볼산을 내려오면서 넷째 날 순례를 모두 마쳤다.
"주님! 오늘의 이 감격, 이 마음, 이 각오가 깊게 새겨지도록 해주십시오. 주님을 사랑합니다. 아멘."

> ❝ 예수님을 좀 더
> 가까이 느낀 여행,
> 이스라엘 ❞

제15장 요르단으로

'18. 11. 14. (수) 흐리고 비 옴

가면도 벗고 무장도 풀고 모든 걸 내려놓자

Jordan (1)

오늘 아내와 난 6시 반 아침 식사에 앞서 체크아웃 준비를 마치고 갈릴리 호수로 묵주기도를 하며 나갔다. 지난번 제주도에서 백록담에서 내려올 때와 휴양림을 걸을 때도 아내와 난 자연 속에서 묵주기도를 드리곤 했었다. 부지런한 우리 순례객들이 이미 호숫가에 나와 있다. 조금 후 갈릴리 호수 동쪽 우리의 반대편 언덕 위로 서서히 해가 떠오른다. 구름이 조금 끼어 있지만, 장관이다. 갈릴리 호숫가에서 일출을 보다니! 예수님께서도 보셨을 일출이라고 상상하니 무척 기쁘다.

아침을 마치고 체크아웃을 하고 7시 반에 3일간 묵었던 긴노사 호텔을 출발하였다. 오늘부터 사일간은 요르단으로 들어가 주로 구약시대의 성지를 순례할 계획이다.

막달라 동네를 지나고 티베리아를 지나 버스는 드디어 3일간 머물렀던 갈릴리 호수를 뒤로하고 이스라엘과 요르단의 경계인 요르단강을 따라 남쪽으로 내려가 벳산에 닿았다.

10시 15분경에 벳산 국경을 넘어 요르단 펠라 지역에 위치해 있는 엘리야의 고향인 디셉과 엘리야가 주님의 말씀을 듣고 숨어 지냈던 크릿 시내를 먼발치에서 보았다. 여기서 난 마지막에 버스 뒷문으로 내려오다 층계 발판이 밀리는 바람에 그만 계단에서 미끄러지고 말았다. 잠시 아찔했다. 조심해야겠다. 이곳은 해발 800미터가 넘는 황량한 산악지역에 위치해 있다.

요르단의 첫인상은 아주 척박했다. 우리나라 60년대와 70년대 초반에 서민층 동네에서 많이 보았던 시멘트 벽돌집이 눈에 많이 띈다. 11시 5분에 그곳을 떠나 11시 45분에 안자라에 도착하였다. 이곳 안자라 지역의 한 동굴에서 예수님께서는 성모님과 제자들과 함께 여행하던 중에 휴식을 취하셨다고 한다. 이를 기념하여 회교국가인 요르단 오지인 이곳에 성당이 세워졌는데, 산 위의 마리아 성당(the Church of Our Lady of the Mountain)

이다. 우린 그 성당에서 미사를 드렸다. 성당 안에 들어서니, 마치 우리나라 시골 성당에 들어온 느낌이 든다. 조그마하고 조촐하지만, 성당 내 벽화가 많이 눈에 들어온다. 벽화도 모자이크는 아닌데 화려하지 않고 단순 청아하다.

　순례 중 매일 드리는 미사에서 인사말과 강론을 통해 순례의 의미를 깨우쳐주시고 있는 이헌준 신부님은 오늘 다음과 같은 말씀을 하셨다.

　"우린 신약시대에서 구약시대로 왔습니다. 엘리야와 엘리사의 배경이 되는 지역을 보고, 지금 이곳 지역 성당에 와 있습니다. 나는 구약이야기 중 엘리야 이야기를 참 좋아합니다. 현장에 와서 보니 성경으로만 접했던 이야기가 좀 더 생생하게 전달됩니다. 엘리야는 갈멜산에서 우상숭배를 하던 제사장들과 대결하여 화려하고 위대한 업적을 쌓았지만, 그로 인해 생명의 위협을 받게 되어 결국 갈멜산에서 직선거리로 65km가량 떨어진 이곳에 걸어 들어와 산속 동굴에서 숨어 지냈습니다. 그는 자신의 상황이 너무 괴로워 "주님, 차라리 죽여주십시오." 한탄하며 기도했습니다. 하느님을 꽉 붙잡고 바알도 물리친 엘리야인데도 말입니다.
　우리도 엘리야와 같은 상황에 처할 때도 있습니다. 가령 잘 나가다가도 한순간에 무너져버려 하느님이 원망스러울 때도 있습니다. 이때 들리는 건 하느님의 침묵뿐입니다. 그런데 난 하느님께 대한 우리의 원망과 한탄, 그리고 이에 대한 하느님의 침묵이 오히려 하느님과의 진정한 소통 중의 하나라고 생각하기도 합니다.

엘리야는 여기서 소중한 체험을 합니다. 즉 더 깊은 차원에서 하느님을 만나게 됩니다. 우리가 어두움, 원망, 깊은 상처, 그리고 탄식 등에 처한 그 순간이 하느님을 만나는 문턱에 와 있는 상황이 아닌가 생각합니다. 격렬한 불과 태풍 속에서가 아니라 이 모든 것이 다 지나가 버렸을 때 잔잔한 가운데에서 우린 하느님을 만나게 됩니다. 화려한 것을 맛본 순간이 아니고 다 내려놓고 다 흘려보내고 나서 내 마음속에서 고요하게 그리고 부드럽게 올라오는 울림이야말로 소중한 체험을 하는, 즉 하느님께서 말씀하시는 순간이 아닌가 생각합니다. 격렬한 것을 다 흘려보내고 또 화려한 것을 다 내려놓고 마음속에서 어떤 울림이 올라오는가에 귀를 기울이십시오. 우리가 하느님을 만나는 문턱을 넘어 나갈 때 듣게 되는 잔잔한 울림이야말로 진정한 신앙의 체험이 아닐까 생각됩니다.

오늘 복음과 관련해선 치유 받은 열 사람 중 단 한 사람만이 예수님께 찾아왔습니다. 우리 모두도 그 아홉 사람이 되지 말고 예수님을 찾아간 단 한사람, 치유 받은 나병 환자가 될 수 있도록 기원합시다!"

이 강론 말씀을 들으면서 난 마음속으로 '내려놓게 해주십시오, 그리고 벗게 해주십시오, 주님!'하고 속으로 외치고 있었다. 그랬더니 '내려놓아라 도마야, 그리고 모든 걸 벗어라. 도마야.'

하는 소리가 들리는 것 같았다. 그렇다. 가면을 벗고 감추어진 얼굴을 드러내자. 그렇다. 갑옷을 벗고 무장을 풀자. 그러면 버려야 될 것들을 못 버리고 그물에 걸린 나를, 정신 놓고 방황하다 거미줄에 걸린 나를, 온갖 유혹을 뿌리치지 못하고 덫에 걸린 나를 우리 주님께서 자유롭게 풀어주시리라.

미사를 마치고 옆에 있는 소성당으로 갔다. 그 성당에 모셔진 아기 예수님을 안고서 계시는 성모님의 눈에서 수차례나 피눈물이 났었다고 그곳 현지 사제께서 설명해준다.

1시 5분에 성당을 떠나 제라쉬 한 식당에서 점심을 하고 인근에 있는 아즐룬 성채를 보았다. 생각했던 것보다 어마어마하게 크다. 볼 것들은 많고 갈 길은 먼데 비가 내린다. 준비해 간 우산을 버스에 놓아두고 내려와서 작은 우산 하나를 그곳 요르단 소년에게 구입했다.

이태리 로마에서 또 폼페이에서 터키 에페소에서 그리고 며칠 전 이스라엘 가이사리아에서도 로마유적들을 보았는데, 여긴 디테일한 점은 다소 떨어지지만 큼지막한 유적들이 보다 가지런히 위치해 있었다. 특히 잘 보존된 원형극장은 꼭대기까지 올라가 보았는데 경사가 무척 가파르다.

극장계단을 내려오다 이번엔 아내가 발을 잘못 짚어 넘어졌다. 이로써 오늘 우리 부부는 각각 한 차례씩 넘어져서 낭패를 보았는데 그게 다치지 않아서 찡빌 나행이나.

3시 45분경 아즐룬 성채를 출발하여 오늘 머물 요르단의 수도 암만으로 가는 도중 야뽁강 언덕 위에 잠시 버스를 세워 그쪽 지형을 내려다보았다. 여긴 야곱이 어둠 속에서 나타난 어떤 남자, 즉 하느님의 천사와 동이 틀 때까지 치열하게 씨름하여 환도 뼈를 다치는 가운데에서도 축복을 내려줄 때까지 끝까지 천사를 붙잡고 놓지 않았던 곳이다. 그래서 야뽁강은 '발꿈치를 움켜쥔 자'란 의미의 야곱이 '하느님과 싸워 이기다'란 의미의 이스라엘이란 이름을 받고 성숙한 지도자로 거듭난 장소이다.

　또 잠시 멈췄던 비가 내린다. 야뽁강을 출발하여 숙소에 도착한 시각은 5시였다. 그런데 누군가 버스에서 내리다 미끄러지는 바람에 넘어졌다. 누구든 다치지 말아야 할 텐데 하고 내려서 보니 넘어진 사람은 동서 형님이다. 나도 오늘 아침에 바로 그곳에서 사고를 당했었는데 이게 웬일인가! 이쯤 되면 버스에 결정적인 결함이 있었던 것이다. 해서 오르내리는 계단을 자세히 들여다보니 계단 위에 놓인 발판이 계단에 딱 고정되어 있지 않아 움직여져서 사고를 유발하는 것이었다. 순례객들의 안전에 관한 것이니 버스를 교체해달라고 볼멘소리로 회사 측에 항의하였다.

　피정 중인데… 아직 성냄도 있는 것을 보니 자기 정화가 부족한 것 같아 속으론 부끄럽다. 앞으로 이곳 요르단에서의 순례 중에 광야도 체험해보고 변화를 겪어서 거듭나길 기대해본다. 오늘은 아내도 형님도 나도 모두 넘어졌던 날이다. 형님은 허리를 몹시 불편해하신다. 아무쪼록 빨리 회복되었으면 좋겠다.

광야에 서서도 의지할 곳은 오직 우리 주님뿐이다. 그렇다. 오늘 우리는 넘어짐으로 아예 걷지 못할 수도 있었겠는데 그나마 참 다행이다. 순례에 참석하고 있기에 어려움이 그냥 지나쳤나 보다.

'그래 야곱은 환도 뼈를 다쳐가면서도 축복을 받을 때까지 끝까지 하느님의 천사를 놓지 않았지.'

우리 동서 부부팀도 오늘은 무슨 약속이나 한 듯 차례로 넘어졌지만 남은 일정을 모두 마칠 때까지 야곱을 본받아 끝까지 순례를 포기하지 않을 것이다. 이렇게 마음을 정리하며 편치 않은 몸도 추스르면서 항상 우리를 보호해주시며 은총을 내려주시는 주님께 감사드리며, 요르단에서의 첫날밤엔 그냥 지쳐서 떨어지고 말았다.

> **"예수님을 좀 더
> 가까이 느낀 여행,
> 이스라엘"**

제16장 마케루스

'18. 11. 15. (목) 맑음

죽는 날까지 하늘을 우러러 한 점 부끄럼이 없기를

Jordan (2)

형님 건강을 걱정하며 잤는데 큰 탈이 없어 다행이다. 신부님과 수녀님들은 물론 만나는 순례객들마다 걱정을 하며 안부를 묻는다. 따듯하고 고맙다. 큰일을 치른 덕분에 아침에 버스가 좀 더 좋은 것으로 바뀌었다. 다행스러운 일이다. 그러나 이곳 순례에 와서도 소리를 내야 하는 현실은 안타깝다. 7시 50분에 숙소를 출발하며 신부님의 안내로 순례자의 기도를 바쳤다.

먼저 암만에 있는 성채(Citadel)를 방문하는 것으로 오늘 순례 일정이 시작되었다. 끊임없이 구약시대의 인물들이 주님을 배반하고 주님은 때론 벌을 내려주시나, 근본적으로는 용서해주시는 이야기가 반복된다. 오늘 난 그런 이야기의 현장으로 와 있다. 그리고 난, 이 이야기 속의 한 인물로 탈바꿈된다. 그간 얼마나 많이 주님을 배반하고 성가시게 해드렸던가! 주님의 사랑받는 아들이 되기엔 얼마나 부족하고 괘씸하고 형편이 없었던가! 이런 생각을 하면서도 요르단 유적유물에 파묻혀 연발 감탄한다.

이곳 유적이 웅대하고 찬란하다. 이곳 박물관에 시대별로 전시해 놓은 유물들도 다양하고 아름답다. 그중 몇 가지는 나중에 천천히 감상하겠노라고 사진을 찍고 수박 겉핥기로 보고 나오니, 기본 예의도 없는 것 같아 박물관 측에 공연히 미안한 생각도 든다. 수준 이하의 방문객이다. 이완 별도로 앞으론 적어도 구약성서도 보다 흥미를 갖고 읽어야 하겠다고 다짐해 본다. 이번 성지순례의 작은 결실이다.

주차장엔 현대차와 기아차가 즐비하다. 요르단에선 60~70%가 우리나라 차라고 한다. 그리고 우리 건설사가 이곳에서 정수처리장을 건설하여 호평을 받고 있다고 한국인 현지 가이드가 힘주며 자랑스럽게 설명한다. 기업이 애국자이다. 난 우리나라가 이런 기업들이 경제활동을 더욱 잘할 수 있도록 응원해주고 북돋아 주는 나라였으면 좋겠다고 생각한다. 그래서 기업들도 일자리도 많이 만들고 생산한 서비스와 물건도 많이 팔고, 그 결과 세금도 많이 내서 국가에 보다 많이 기여하는 선순환하는 모습을 보고 싶다.

암몬성을 떠나 아모리 왕국의 수도 헤스본으로 향하는데 차가 많이 막힌다. 차는 곧 '왕의 길(the King's Highway in Jordan)'로 접어들었다. 이 길은 마다바(Madaba)에서 시작하여 요르단을 남북으로 관통하는 약 280km 길이의 길이다. 세계에서 가장 경관이 있는 오랜 역사를 지닌 길 중의 하나이다. 옛날엔 향신료를 교역하던 향신료 길이었으며, 예언자가 '약속된 땅'을 찾아 걸어간 길이었고, 또 왕들이 전쟁을 치렀을 때 이용하던 길이었을 것이다. 지금은 우리 순례객들이 메드바(마다바의 옛명칭)와 느보산과 마케루스를 거쳐 페트라로 가기 위해 왕의 길을 이용하고 있는 것이다.

10시가 조금 넘어 아모리 왕국의 수도 헤스본 메드바에 도착했다. 여긴 최근 50년 동안 앤드류 대학교에서 발굴한 유적들이 있었다. 로마시대까지 사용했던 저수조, 술람(층계), 그리고 비잔틴시대에 지은 성당 터 등을 둘러보았다. 이 아모리족의 땅에 암몬과 모압이 적대관계를 유지하는 바람에 모세와 그의 백성들이 이곳을 수월하게 통과할 수 있었다. 저 멀리엔 느보산도 보인다.

다시 버스로 이동하여 10시 45분에 느보산 모세 기념성당(Mt. Nebo Memorial of Moses)에 닿았다. 느보산은 당시 이곳의 중심 센터였다. 입구엔 예수님과 그 아래 모세, 그리고 그 아래 엘리야, 그리고 맨 밑에 나란히 베드로, 야고보와 요한의 얼굴을 차례로 표현해 놓은 기다란 석상이 마치 우리나라의 장승처럼 서 있었다.

120년을 산 모세는 처음 40년은 왕자로, 그다음 40년은 광야에서 양치기 무명생활로, 그리고 마지막 40년은 하느님의 부르심으로 지도자로서 광야에서 고통받는 삶을 살았다. 그리고 요르단강을 건너지 못한 채 여기 느보산에서 생을 마감하였다. 그런 모세가 1400년이 지나 타볼산에서 엘리아와 함께 예수님을 만난다.

느보산에선 저 멀리 모압 골짜기가 내려다보이는데, 그 골짜기는 수로이기도 하지만 건조기엔 물이 마른 와디로, 과거엔 헤스본으로 연결되는 교역로이었고 성지순례길로도 사용되었다.

오랫동안 묻혔던 이곳 느보산 성지를 1932년에 프란치스코 수도회가 사들여 유적 발굴과 복원작업도 하고 모세 기념성당도 지어 관리하고 있다. 많은 성지에서 성당을 지어 관리하고 있는 프란치스코회가 대단하고 고맙다.

이 기념성당은 2007년에 시공하여 2016년에 완성되었다 한다. 해서 우린 현재 최신식 기념성당을 볼 수 있게 된 것이다. 성당 안으로 들어가니 미사가 진행 중이다. 우선 성당 뒤편에 앉아서 조용히 기도를 드렸다. 순례에 와서 항상 그렇듯이 우선 주님께 감사의 기도를 드린 후, 자녀와 친지들을 잠시 떠올리며 그들을 위해 기도드렸고, 끝으로 굳센 신앙을 지닐 수 있게 해달라는 도움을 청하였다.

성당 양쪽 벽과 바닥에 설치되어 있는 모자이크를 둘러보았다. 다양한 동물들과 사냥꾼 등이 묘사되어 있는데, 오래된 것은 5세기 비잔틴 시대에 만들어진 것이라 한다.

밖으로 나와 성당 앞 전망대에 서니, 가까이엔 넓게 펼쳐진 예리코 광야가 시원스럽게 시야에 들어오는데, 그 가운데엔 사해도 보인다.

성당 앞 전망대 옆 정원엔 수수께끼 같은 커다란 뱀 십자가가 높이 서 있다. 이것은 주님의 지시로 모세가 만든 뱀과 예수님의 십자가의 형상을 조합한 구리 뱀 기념건조물(the Brazen Serpent Monument)이다. 이 독특한 십자가를 배경으로 사진 촬영하는 것을 끝으로 느보산에서의 순례를 마치고, 인근 한 식당에서 점심을 든 후 우린 다시 마케루스로 향했다.

마케루스는 세례자 요한이 헤롯왕의 후계자 헤롯 안티파스에게 어처구니없이 목이 잘려 치명 당한 장소이다. 세례자 요한은 안티파스가 헤로디아와 결혼한 것을 비판하였다. 앙심을 품은 헤로디아는 안티파스가 그녀의 전남편 소생 딸 살로메의 춤을 관람하다 나라의 반까지도 주겠다며 소원을 얘기해보라 하자, 그녀를 사주해 사도요한의 머리를 달라고 하였던 것이다.

민둥산 꼭대기에 있는 궁전터를 먼발치에서 바라보았다. 찬란했었을 것으로 추정되는 궁전은 온데간데없고 쓸쓸히 석조기둥 두세 개만 눈에 띈다. 이 삭막한 광경은 그 자체로서 우리에게 모든 것이 그냥 덧없이 지나가는 것임을 보여주고 있었고, 또

126

더 나아가 우린 잠시 왔다가는 세상에서 어떻게 살아야 하는지를 설득력 있게 가르쳐 주고 있는 듯하였다.

이태리 아씨시는 원래는 아무도 찾는 이 없는 쓸쓸한 공동묘지였었다. 헌데 죽은 후에도 버림받고 가난한 사람들과 함께하시겠다고 프란치스코 성인이 그곳에 묻히심으로써 축복받는 성지로 탈바꿈되었다 한다. 이에 반해 이곳 마케루스는 원래 화려한 궁전이었다. 헌데 지금은 아무도 거처할 수 없는 황폐한 민둥산으로 남아 있게 된 것이다.

민둥산 중턱엔 서너 개의 동굴들이 보이는데 그중 하나가 세례자 요한이 갇혀있었던 감옥이었다고 한다. 우린 1시 반경에 그곳 가게 천막을 빌려 미사를 드렸다.

이 신부님은 순례성지는 성당이나 간이천막이나 어디든 은총의 장소이며 각 상황에서마다 얻게 되는 특별한 느낌이 있음을 주지시켜 주셨다. 그리고 세례자 요한이 마지막 삶을 이렇게 마감한 것은 겉으론 볼품없고 억울하고 초라한 죽음이지만, 그가 마음속에 담고 있는 믿음은 어느 누구의 것보다 더 의연한 것임을 환기시켰다. 또 이 미사 중에 각자 나는 어떤 마지막을 맞이하고 싶은가, 또 그 순간 내 삶을 후회하지 않을 것인가를 생각해 보자고 말씀하셨다. 또한 최후까지 부여된 사명을 지키고자 목숨까지 바친 세례자 요한을 생각하면서 한 치의 부끄러움도 후회도 없는 삶을 살아 눈을 감을 수 있었으면 좋겠다고 말씀하셨다.

우리 삶이 아름다운 행적을 따라 걸을 수 있게 필요한 힘과 은총을 내려주시기를 요청하면서 이 거룩한 미사를 봉헌하자고 제안하였다. 그리고 이어서 다음과 같이 강론하셨다.

"계속해서 순례 중에 받은 느낌과 인상을 마음속 깊이 새기고 있습니까? 한번 좋았던 체험으로 그치지 말고 한순간의 느낌과 인상이라도 깊이 새기고 일상으로 돌아갔으면 좋겠습니다. 우린 느보산을 순례하고 지금 세례자 요한의 참수 장소에 와 있습니다. 구약과 신약의 대표적인 예언자 모세와 세례자 요한의 최후를 보았습니다. 다른 이들의 죽음을 통해서 나의 죽음도 생각하게 됩니다. 성경 등장인물들의 삶과 그리고 최후를 보면서 우리는 우리의 마지막이 어떠해야 하는지를 또한 깨닫고 알게 됩니다.

모세는 약속의 땅을 보고자 오랫동안 척박한 광야 생활을 하게 됩니다. 그리고 하느님의 나라가 완성되길 바랐는데 결국 이를 보지 못하고 세상을 떠났습니다. 약속의 땅에 들어갈 수 없다는 어처구니없는 상황에서도 주어진 모든 과제들을 끝까지 수행해 냈습니다.

예수님도 모세와 세례자 요한처럼 성부의 뜻에 따라 끝까지 수행하시기로 결심하고 끝까지 우릴 사랑하셨습니다. 남들이 보기엔 실패한 인생으로 보였겠지만, 우리 인간들을 사랑하는 마음 하나는 처음부터 마지막까지 변치 않았고, 예수님과 주님을 따르고자 했던 그들은 자신들의 삶을 절대로 후회하지 않았을 것입니다.

우린 누구나 이 세상을 거쳐 지나가는 순례자입니다. 순례자는 마지막 목적지가 있습니다. 마지막에 서 있고 싶은 자리에 꼭 서 계시길 바랍니다. 그 자리에서 자신에게 '여기까지 오느라고 수고했다. 후회하지 않는다.'라고 고백할 수 있었으면 좋겠습니다. 마지막 순간까지 가지고 갈 수 있는 것, 그것을 얻기 위해 노력합시다. 마지막 자리를 떠올려보고 마지막 순간을 그려보는 시간을 가집시다. 삶의 진정한 의미를 강하게 남기고 간 그들을 기억하면서 그들이 무어라고 우리에게 속삭이고 있는지 그 음성에 귀 기울여 봅시다."

난 사실 오늘 미사는 노환을 앓고 계신 어머니께서 은총 받는 임종을 맞이하시길 기원하며 봉헌했었다. 그렇다. 우리 부모님들의 삶은 어려운 역경 속에서도 자식들을 잘 챙겼으면 이 세상에서의 기본적 임무는 수행하신 것이 아닐까 생각된다. 그리고 매일 매일 주님을 사랑하고 이웃을 사랑하면 좋겠다고 생각했다. 있는 자리에서 친절하고 온유하게 살자.

난 퇴임을 앞두고 그간 나의 삶을 회상해 보았었는데, 정말로 철부지처럼 살았던 것 같다. 그래서 그때도 앞으론 좀 더 온유하게 베풀면서 살면 참 좋겠다고 생각했었다. 그 시작은 아내라야 하는데 가끔은 아내를 불편하게 해주는 경우도 있었다. 고생한 아내의 마음을 잘 어루만져주자. 죽는 순간 내 아내를 생각할 때 내 그게 그랬었나 하는 후회가 남지 않는 삶을 앞으론 살아가면 좋겠다.

미사 후 마케루스를 2시 반 경에 출발하여 기름진 모압땅 아르논 계곡으로 향했다. 가는 도중 광야엔 수많은 조그마한 동굴들이 언덕기슭에 파묻혀 시커먼 입구를 드러내놓고 있었다. 광야에 선 사람들에게 훌륭한 피난처 역할을 하였을 것이라고 생각된다.

　언덕 위 평평한 도로를 달리고 있는데 해발 900미터 내외나 된단다. 그곳에 도착해 계곡을 내려다보니 그 경관이 장관이다. 왜 아르논 계곡이 작은 그랜드 캐니언으로 불리는지를 알 수 있었다. 3시 40분경에 아르논 계곡을 출발하여 7시가 다 되어서야 페트라(Petra) 숙소에 도착하였다. 이렇게 해서 이번 순례 중 가장 버스를 많이 탄 오늘 하루도 무사히 순례를 마쳤다. 주님께 감사드리며 잠을 청한다.

"예수님을 좀 더 가까이 느낀 여행, 이스라엘"

제17장 페트라

"18. 11. 16. (금) 맑음

이는 주님께서 이루신 일, 우리 눈에 놀랍기만 하네

Jordan (3)

오늘은 한 시간 앞당겨 4시 반 기상, 5시 반 새벽 미사, 그리고 6시 반 식사로 우리의 일정이 시작되었다. 미사에서 신부님은 다음과 같이 강론하셨다.

"새벽 특별한 시간에 우리는 모였습니다. 예수회 입회 전 4년간 직장생활을 할 적에 저는 새벽과 밤 출퇴근 시 지옥철이라는 2호선을 자주 이용했었습니다. 그때 새벽 지하철 안에서 피곤한 몸을 이끌고 매일매일 살기 위해 분주하게 다니는 사람들의 모습, 특히 얼굴 표정을 보면 한편에선 측은하고 짠한 마음이 들기도 하지만, 다른 한편에선 대단하다고 생각해서 존경심마저 들었습니다. 그들이 바삐 사는 것은 비단 자신만을 위해서는 아니라고 생각하기에 그렇습니다.

오늘 복음에서 주님께서는 애를 쓴다 해서 그런 사람 모두가 하느님의 부르심을 받는 건 아니라고 말씀하십니다. 이 말씀을 들으면 왠지 야속하기도 하고 원망스럽기까지 합니다. 왜 두 여자가 함께 맷돌질하고 있는데, 하나는 데려가고 하나는 데려가지 않으십니까? 그래서 이런 기도를 해봅니다. 어쨌든 이렇게 열심히 사는 모습을 보시고 꼭 둘 다 데려가시라고 말입니다.

이런 마음과 간절함으로 우리의 성실함과 인내를 계속해서 이어갑시다. 이렇게 분주히 애쓰고 노력하는 가운데서도, 바쁜 삶의 여정 속에서도 가끔씩 자신의 삶을 돌아볼 수 있는 침묵 속으로, 자신만의 골방 속으로 들어갈 수 있었으면 좋겠습니다. 그래서 즐길 수 있는 것도 많고, 또 할 수 있는 것도 많은 삶이지만, 잠시 멈춰 서서 자신을 돌아보고 자신을 찾을 수 있는 사람들이 되고, 잠시 내려놓고 가끔씩 세상과 단절해서 고요하게 자신을 돌아볼 수 있는 시간을 가졌으면 좋겠습니다. 이때의 만남과 마주침 안에서 속삭이는 것에 귀 기울이고, 마음을 터치하는 것에 마음을 열고 머물 수 있기를 간청합시다."

난 사실 작년 말에 정년을 앞두고 지난날의 교수로서의 삶을 되돌아볼 기회를 가졌다. 허물도 후회되는 것도 참 많았다. 푼수로 살았던 것 같았다. 그럼에도 불구하고 무사히 소임을 마친 것에 대해 주님께 감사드렸다. 우선 수도회에서 운영하고 있는 직장이라서 성직자들을 자주 뵙고 접할 기회가 많아서 여러모로 주님 곁에서 맴도는 데 도움이 되었었다. 또한, 가끔씩 학교 성당에서 미사참례하고, 레지오 등 신자 교수들과 모임을 갖는 것도 은총이었다. 논문을 쓰고 책을 쓰고 프로젝트를 수행하는 것도 좋았지만 제자들과 소통을 하고 논문을 지도하는 것도 이에 못지않았다.

이젠 예전처럼 강의 준비를 한다거나 논문 등을 쓸 필요는 없다. 친구와 제자들 등 만나는 사람들과 보다 진솔한 얘기를 나누고 싶다. 그리고 미사참례를 자주하고 부부 레지오도 하며 성경 읽는 습관도 키우고 싶다. 은퇴 후 하고 싶은 것 중에 하나가 우리 부부가 함께 이스라엘 성지순례를 가는 것이었다. 이번 순례에서 남은 기간 동안 더 많이 자신을 되돌아볼 것이다. 그리고 마음속 속삭임에 귀를 기울일 것이다.

미사를 마친 후 Petra를 구경하고 또 Wadi Rum을 돌아보며 광야체험을 하였다. 페트라는 베드로(Peter)와 마찬가지로 돌덩어리 암석이라는 뜻이다. 유네스코 세계문화유산으로 지정되었고 세계 7대 불가사의 유적이란다. 유적들은 수천 년 전에 이곳에 살았던 나바티안들에 의해 세워졌으며, 이곳은 오랫동안 고대 메소포타미아와 이집트를 연결하는 무역통로였다.

입장해서 5~600미터를 돌길을 따라 내려가니 자그마한 개울이 나온다. 거의 말라서 그 위에 놓인 다리가 없었으면 개울인지 길인지도 구분이 안 될 정도다. 헌데 최근 이곳에 내린 폭우로 그 개울 와디가 갑자기 범람하면서 관광객들이 고립되는 등 큰 피해를 입었다한다. 현지 가이드가 당시에 휴대폰으로 촬영한 동영상을 보여준다. 끔찍하다. 그 와디를 지나니 산이 두 개로 쪼개지면서 만들어졌다 하는 좁은 협곡 시크가 나타난다. 세상에 이런 곳이 다 있다니 절로 감탄하게 된다. 주님이 만든 세상은 참 아름답다! 이미 사진으로 접해서 알고 있었는데도 협곡 시크를 직접 대하니 역시 참 경이롭다.

나바티안들은 시크암석 밑 부분엔 수로도 만들어 광야에서의 물 관리를 잘했던 것 같다. 수로를 따라서 또 꼬불꼬불하고 아름다운 암석 협곡을 따라서 약 1킬로미터 정도를 걸어 내려가니 협곡이 넓게 열리면서 시크가 끝나는 지점에 엄청나게 큰 조각물이 나타난다. 트레져리(알 카즈나)인데 높이 약 40미터이며 신전보다는 왕의 무덤으로 추정된단다. 난 또 한 번 크게 감탄하였다. 세상에 이런 구조물이 이 외딴 산속에 있다니! 모래돌산 절벽에 새겨진 정교한 조각들과 구조물들이 정말 대단하다.

그 앞에서 작품을 감상하며 흥분을 조금 가라앉힌 후, 다시 우린 조금 더 내려가면서 파사드 거리를 걸었다. 그곳은 절벽면밖에 조각으로 장식된 나바티안들의 작은 동굴 무덤들이 참 많았다. 그중 지면과 맞닿은 곳에 있는 제법 입구가 큰 무덤 안을 들여다보았다. 그 속엔 관 크기로 옴폭 파진 긴 사각형 형태가 여러 개 있었다. 한 동굴에 모여 있는 것으로 보아 가족무덤이란 생각이 든다. 이태리 로마의 카타콤바에 들어가서 본 땅굴무덤과 그 형태는 유사하다. 이 모두 암석 속에 무덤을 설치한 공통점이 있다. 물론 카타콤바는 무덤들 작은 방들이 미로로 연결되어 있고 생활공간으로도 사용했던 점에서 차이점도 있다. 그리고 보니 지금 우린 나바티안의 왕들이나 고관들 아니면 로마인들의 공동묘지 앞에 서 있는 셈이다.

시간관계상 아쉽게도 우린 그곳에서 발걸음을 멈추고 되돌렸다. 멀리 로마시대의 원형극장도 보이는데 그것은 세계에서 유일하게 암석 자체 위에 조각된 원형극장이라 한다. 또다시 알 카즈나와 시크를 거쳐 빠져나오면서 큰 바위에 조각한 조각물과 협곡을 두 번째로 마주하는데, 역시 여전히 아름답고 경이스럽다.

우리가 도착했을 때완 달리 들어오는 관광객들이 엄청나게 불어나 이들 인파로 협곡이 물결을 이룬다. 시크는 또한 관광객들을 태우고 빈번히 오가는 마차들로 더욱더 북적인다. 오늘 인디아나 존스 등 여러 영화를 찍었다는 경이로운 아름다움을 간직하고 있는 페트라를 아내와 함께 본 것은 잊지 못할 추억으로 오랫동안 간직될 것이다. 주님께 감사드린다.

10시 만경에 페트라를 떠나 광야체험을 하기 위해 와디 럼으로 향했다. 버스 타고 조금 올라가서 버스가 멈춘 곳 절벽 위에

서서 건너편 산들과 아래 골짜기를 내려다보니 장관이다. 아래 골짜기엔 우리가 조금 전에 방문했던 페트라도 어딘가에 위치해 있다. 험준한 저 골짜기와 저 산속을 모세가 백성들을 데리고 지나갔을 것이다. 계속 버스가 평원을 달려가는데 창밖엔 끊임없이 수많은 돌산들이 나타난다. 마치 이곳 광야는 돌산들의 박물관 같다.

난 잠시 졸다 깨었었는데 창밖에 산재해 있는 돌산들을 보느라고 잠이 싹 달아났다. 놓치면 아쉬울 것 같아 내 눈은 계속 창밖을 주시하고 있었다. 간간이 낙타무리들도 지나가며 돌산들이 그 규모가 점점 커진다. 드디어 와디 럼에 도착한 것이다.

그곳 한 식당에서 점심을 하고 두 시간가량 본격적인 광야체험에 들어갔다. 순례단 일행이 6인승 지프차 다섯 대에 나눠 타고, 10여 분 동안 광야를 달려 처음 도착한 곳은 샘이 있는 돌산 골짜기 앞이었다. 그곳엔 엘리야가 그 아래에 누워서 잠을 잤다는 로뎀나무라 부르는 싸리나무도 있었고, 알파벳과 유사한 고대문자들이 새겨져 있는 돌판도 있었다. 샘은 돌산 언덕 위에 있어서 샘을 보는 것은 생략했지만, 평지엔 낙타들을 먹이도록 콘크리트 저수조와 수로에 맑은 물이 가득 차 있었다. 저 돌산 위 샘에서 흘러내려 온 물이다.

또다시 지프는 10여 분간 광야를 달렸다. 단단히 굳은 모랫길이라서 그런지 달리는 차도 많이 덜컹대거나 흔들리지 않았다. 펼쳐지는 광경은 속 시원하게 아름답다. 평원도처에 크고 작은 돌산들이 우리 가까이와 멀리에 산재해 있는데, 우린 그 속을 달려가고 있는 것이다. 상상의 나래를 펴면 이곳 아랍 원주민들에게 쫓겨서, 아니면 그들 뒤를 쫓아서……, 이런 광경은 물론 난생처음 보는 것이다. 마치 한려수도나 신안 앞바다에 들어서면 섬들이 산재해 있는 곳이 나타나는데, 그곳을 배를 타고 이동하는 것과 유사하다. 단지 여기선 배가 지프차요 섬은 돌산이고 바닷물은 광야모래며 해수면은 광야평면이다. 그런데 이 광야에서 보는 대부분의 돌산들은 섬들과는 달리 그 절벽이 가팔라서 쉽게 오를 수가 없다.

차가 지날 때 생각과 달리 모래 먼지도 많이 일지 않는다. 우리가 탄 지프는 낙타를 타고 가는 세 사람 옆을 지나쳐 간다. 낙타로 광야를 체험하는 관광객들인 것 같다. 이 너른 평야 곳곳 멀리엔 낙타들도 보이고, 각자 자신의 행선지를 향해 서로 다른 방향으로 달리는 지프차들도 눈에 보인다. 하늘도 청명하다. 대낮인데도 중천에 떠 있는 반달이 또렷하게 보인다.

사방이 영화 속 장면이라 마치 우리 스스로가 지금 영화 속에 들어와 있는 것 같은 착각이 들 정도이다. 실제로 '아라비안 로렌스'의 촬영지이기도 하다. 앤소니 퀸이 주연한 영화 '사막의 라이언'에서도 여기서 보는 광경들이 나온다. 이곳을 사랑하는 아내와 함께 걷고 달리니 정말 좋다. 혼자 보았다면 아내에게 꽤나 미안할 것 같다. 이 표현은 '이보다 더 좋을 수가 없다'란 내 나름의 표현이다.

두 번째로 차가 선 곳은 높고 비좁은 바위산 틈 앞에서이다. 가까이 가서 바위산을 올려다보니 푸른 하늘과 맞닿은 돌산의 서 있는 자태에서 위엄이 느껴진다. 그런 돌산들이 여기 와디 럼엔 수도 없이 많이 널려 있는 것이다. 그 하나하나가 작품이다. 누가 여기 이 넓디넓은 광야의 모래 평원 전시장에 이렇게 수많은 돌산 작품들을 만들어서 아름답게 진열해 놓았을까! 난 그저 '주님께서 하시는 일 우리 눈엔 놀랍기만 하여라!'라는 생각을 수없이 했다.

아름다운 와디 럼을 보면서 즐기고 있으니 오늘 광야체험은 '광야를 간다고 해도 주님 함께 계시면 두려울 것이 없다네!'와 같은 고통 속에서 피어나는 생각과는 거리가 멀었다. 높고 가파른 돌산에 햇볕이 가려있어 그런지 한낮 2시 반경인데도 이곳 돌산 아래는 서늘하였고, 메마른 광야임에도 발아래 모래는 축축하게 젖어 있었다.

비좁은 바위틈으로 조금 들어가 보니 골짜기 곳곳 웅덩이엔 물이 고여 있는데 그 속 바위 위엔 암각화와 암각 글씨들이 새겨져 있었다. 그 장소에서 잠시 난 모세와 그 백성들이 이런 곳도 지나갔으리라! 하고 생각하였다.

어제의 강론 때 말씀처럼 내 마음속에도 저렇게 수천 년이 지나도 남아 있게 무언가 각인시킬 수 있었으면 좋겠다고 생각했다. 아직도 무엇을 각인시킬까 찾고 있는데 그걸 찾게 해달라고 주님께 떼를 좀 써봐야겠다.

그곳에서 사진도 찍고 또 그곳 부족들이 타준 차도 마셨다. 마음씨 착한 형님과 언니는 차 마신 대가로 그들이 파는 물품 한 가지를 샀다. 그다지 필요도 없는 물건인데도 말이다.

그다음 이동해서 선 곳은 모래언덕 앞이었다. 멀리서 볼 땐 한 줌의 모래였는데 가까이 가서 서보니 제법 가파르고 높은 모래 산이다. 이 모래 산은 광야 한가운데 있는 돌산 옆으로 오랜 세월 동안 바람 타고 모래가 날아 들어와 돌산을 바람막이로 돌산에 기대어 쌓여져서 형성된 것 같다.

우린 신발과 양말을 다 벗고 바짓가랑이를 접어 올리고 본격적인 광야사막체험에 들어갔다. 발은 제법 푹푹 빠지는데 모래가 곱고 이물질이 없어서 촉감이 아주 좋다. 그 모래언덕에서 보드를 타고 내려오는 외국 젊은이들도 있었다. 눈 위와 물 위에서만 타는 것으로 알았는데 여기에 와서 보니 모래 위에서도 탄다 보드는!

이것으로 광야체험을 모두 마쳤다. 기대했던 것과는 정반대로 시간 가는 줄도 모를 정도로 재미나고 쾌적하고 즐거운 체험이었다. 지프차를 타고 달리면서 보는 광야 풍경도, 천천히 걷거나 그냥 머무르면서 보는 광야 풍경도 모두 아름답고 이색적이다. 딴 세상에 온 것 같기도 하다. 비록 고통스럽고 황량한 광야에서의 체험은 아니었지만, 또 그래서 다행이었지만, 하느님께서 만드신 세상은 어디나 참 아름답구나를 진하게 느낀 하루였다.

이로써 순례 일정의 반 이상을 마쳤다. 오늘은 순례라기보다는 관광에 가까왔지만 전반부 순례를 마감하며 앞으로 본격적인 예수님의 고난과 죽음, 그리고 부활 여정에 참여하기에 앞서 잠시 휴식을 취했던 것도 좋다고 생각한다. 형님도 넘어진 후유증으로 가끔씩 허리가 쑤신다 하고, 아내도 잠자리에 들 때 몸이 불편하다고 호소한다. 모두들 빨리 회복하여 끝까지 순례 일정을 잘 마쳤으면 좋겠다. 주님 점차 지쳐가고 있는 우리 순례단 모두가 순례를 잘 마칠 수 있도록 힘과 용기를 주시고 건강도 되찾게 해주십시오. 지금까지 저희들에게 풍성한 은총을 내려주시고 또한 이번 순례에도 참여할 수 있게 이끌어 주심에 감사드리며 기도드리옵나이다. 아멘.

"예수님을 좀 더 가까이 느낀 여행, 이스라엘"

제18장 소돔과 고모라

'18. 11. 17. (토) 맑음

어떻게 살아야 하는지를 생각하다

Jordan (4)

오늘은 7시 40분에 페트라 숙소를 출발해 10여 분 버스로 이동하니 언덕기슭 도로 옆에 모세의 샘 와디 무사가 나온다. 밖은 제법 쌀쌀했다. 모세의 샘은 작은 집 속에 있었다. 모세가 하느님께서 지시하신 대로 지팡이로 돌을 쳐서 물이 샘솟게 한 그곳에는 송아지 등만한 암석이 있고 그 아래 저수조엔 맑은 물이 고여 흐르고 있었다. 순례객 모두는 그곳에 운집한 채 오늘 일정에서 주님의 은총을 청하는 주모경을 바쳤고 "지금 하십시오"
란 시의 낭송을 들으며 묵상하였다.

평상시 아내에게 당신은 매일 뒤로 미룬다는 지적을 받아왔던
터라 시의 내용은 지금 온전히 기억할 수는 없지만, 그 순간엔
가슴속으로 많이 다가왔다. 그렇다. 아내를 좀 더 아껴주는 것
도 지금 하자. 주님께 다가가는 것도 지금 하자. 따지고 보면 지
금 해야 할 것들이 많다.

광야 언덕중턱에서 맑은 샘물이 나오다니 이런 곳에서 맑은
샘물을 보니 주님께서 하시는 일이 더욱 신비롭고 놀랍게 느껴
진다.

버스는 다시 사해 쪽을 향해 50분가량 이동해서 에돔의 광야
길에 닿았다. 그곳은 아주 오래전 인근에서 있었던 화산폭발로
표면이 검은 현무암 자갈 덩어리로 덮여있었다. 15분가량 그곳
을 걸으며 산책을 하며 광야체험도 맛보고 묵상도 하였다. 함께
걷던 아내는 침묵을 깨며 말을 건넸다.

"여보, 난, 이 아래 깔려 있는 돌덩어리들이 우리 인생에서 만
나게 되는 유혹들이라고 생각해요."

그렇다. 살다 보면 주위에 표면을 울퉁불퉁하게 만들어 똑바
로 걷기를 힘들게 만드는 유혹이란 난관이 도처에 깔려 있다.
그래서 광야는 무섭고 두려운 곳이다. 주의를 기울이지 않으면,
정신을 똑바로 차리지 않으면, 돌덩어리와 돌뿌리에 치여 균형
을 잃기도 하고, 넘어지기도 할 것이다. 그래도 오뚝이처럼 훌훌
털고 일어나 주님께 목표를 두고 걸어가야 할 것이다. 그러는

가운데 자기 정화가 되고 변화되어 모든 것을 놓고 주님을 우선 순위에 두게 될 것이다. 주님과 함께라면 뛰어넘지 못할 유혹이 있겠는가!

이렇게 마음대로 묵상의 나래를 펼치면서 아내와 난 더욱 힘차게 발을 내디뎠다. 그 광야에서 마음속으로 주님을 향해서!

버스는 다시 9시 15분경에 그곳을 출발해 에돔 광야를 달려 10시 50분경에 모압 광야 속에 있는 룻의 고향 모압땅으로 들어갔다. 11시 5분경에 룻의 고향 브아벳다(현재는 카락)에 닿았다. 그곳에선 잠시 버스에서 내려 먼발치 산 중턱에 있는 카락성을 바라만 보았다. 삼면이 깊은 계곡으로 둘러싸여 천연요새인 카락성은 십자군 시대에 지은 성채의 유적이 남아있는데, 현재는 무슬림의 중요한 순례지로써 그 출입이 제한되고 있다고 한다.

이제 버스는 서쪽 사해를 향해 해발 1000미터에서 계속 내려 간다. 사해는 해저 400미터에 있으니 거의 1마일이나 내려가는 것이다. 반대편 골짜기 너머로는 풀이 거의 없고, 누런색 흙과 모래로 덮여있는 절벽 언덕이 계속 우릴 따라 내려온다. 버스는 경사진 산길을 내려오면서 계속해서 브레이크를 사용하니 타이어 타는 냄새도 간간이 차내로 들어온다.

한참을 내려와 갑자기 귀가 뻥 뚫리는데 앞을 보니 저 멀리 사해가 보인다. 완만한 평지에 들어서자 버스를 세운다. 내리니 이곳이 소돔이란다. 아무것도 없는 그냥 평지다. 싱겁기 그지없다. 아니다. 의미가 있다. 주님을 떠나서 흥청망청 제멋대로 살면 어떻게 된다는 것을 가르쳐 주고 있는 것이다. 때론 침묵이, 때론 백지가, 또 때론 아무것도 없음이 강도 높은 울림을 가져다준다.

갈릴리 호수 근처에서 본 벳사이다와 코라진은 현재는 마을이 다 없어지고 인적은 온데간데없지만 초라한 유물유적과 폐허는 그나마 남아 있었는데, 여긴 말 그대로 아무것도 없었다. 그것이 오히려 강한 인상과 여운을 남겼다.

여기서 사해를 오른쪽에 놓고 남쪽으로 조금 내려가니 초아르가 나온다. 시간은 정오를 조금 넘기고 있었다. 사해 주변 햇볕이 무척 따갑다. 버스가 선 곳엔 건물 한 채가 보이는데 정면 현관엔 '세상에서 제일 낮은 곳에 있는 박물관'이라고 쓰여 있다. 사해가 해저 낮은 곳에 위치해 있음을 알려준다. 이 박물관엔 이 지역에서 발굴된 유물들이 시대별로 가지런히 진열되어 있었다. 그리고 박물관 바깥 가파른 돌산 중턱 멀리엔 아직도 발굴이 진행 중인 롯의 동굴 입구가 보였다.

다시 초아르에서 소돔 쪽으로 버스로 조금 이동했는데 밖에 보이는 산자락이 고모라란다. 소돔과 마찬가지로 아무 흔적이 없어서 이번엔 잠시 서지도 않고 그냥 지나쳐버렸다. 한땐 큰 마을이 있었으니 그 당시엔 이곳도 살기에 적합한 모든 걸 갖춘 곳이었으리라! 우리가 어떻게 살아야 하는지를 그냥 지나쳐도 되는, 아무것도 없는 고모라 현장이 또다시 우리에게 가르쳐주고 있는 것 같았다.

지나치는 길가 이정표에 '암만 110km'라는 글씨가 눈에 들어왔다. 우리나라에서 고속도로를 이용하면 한 시간 거리이다. 지금 시간이 12시 50분이니 암만까진 2시면 도착할 수 있을 것이다. 여기가 우리나라라면! 아직 점심 전이다. 헌데 사해 옆으로 올라가는 도로가 안전이 보장되지 않아서 완전히 교통통제가 되고 있다. 이제야 그간 잊고 있던, 우리가 위험지역(?)에서 순례하고 있다는 사실을 재확인하게 되었다. 이곳에서 현재까지 이렇게 큰 탈 없이 무사히 순례하고 있으니 주님께 감사할 일이다. 해서 돌아가는 바람에 느보산 초입에서 2시에 계획했던 점심을 3시를 넘기고서야 할 수 있었다.

늦은 점심을 하고 숙소로 오는데 암만에 들어와선 교통체증이 있어 5시가 넘어서야 도착했다. 오늘은 5시 반에 호텔에서 저녁 미사를 드렸다. 오늘의 강론 말씀은 다음과 같았다.

"이스라엘 백성들은 40년을 걸려 약속의 땅으로 들어왔습니다. 우린 이곳 도로 사정으로 1시간 반이 지연되었습니다. '직선은 인간의 선이고 곡선은 하느님의 선이다.'란 가우디의 말처럼 때론 하느님께선 우리에게 아름다움과 황홀함 그리고 풍요로움을 주시기 위해 길을 잃게 만드시는 줄도 모르겠습니다. 길을 잃었다고 길이 없는 것도 아니고, 길이 안 보인다고 길이 없는 것도 아닙니다. 굽이굽이 돌아가도 목적지로 간다면 그 길은 아름답고 풍요로운 길일 것입니다. 길을 잃었을 때 나오는 깊은 기도야말로 하느님께 맞닿을 수 있는 기도일 것입니다. 오늘 우리가 겪었던 시간과 체험이 우릴 풍요롭게 해주길 바라며, 계속해서 목적지를 향해 힘차고 당당하게 걸어 나갑시다."

　미사까지 잘 마쳤다. 장거리 여행으로 피로가 몰려온다. 키를 받고 체크인하기 위해 로비로 내려갔다. 로비는 또 다른 그룹 여행객들이 막 들이닥쳐 북적이며 만원이다. 헌데 키를 건네주어야 할 우리 가이드 양반이 보이질 않는다. 7, 8분을 기다려도 안 나타나서 우릴 위해 동서 형님이 전화를 걸었다. 그제야 등장하신다. 점심도 늦어졌고 오는 길도 덩달아 늦어졌는데 그까짓 광야도 아닌 호텔 로비에서 10분쯤이야.
　오늘은 페트라에서 사해를 거쳐서 암만까지 정말 먼 길을 달려왔다. 몸이 지쳐 저녁 식탁에서도 눈꺼풀이 자꾸만 감긴다. 저녁 식사를 하곤 그냥 곯아떨어졌다. 오늘도 우리를 지켜내신 주님께 감사드리면서.

제19장 요르단강

'18. 11. 18. (일) 맑음

"너는 내가 사랑하는 아들, 기쁘게 너와 함께 있겠다."

오늘은 순례와서 두 번째로 맞이하는 주일이다. 첫 번째 주일 미사는 나자렛에 있는 성가정 성당의 한 경당에서 예수님의 발자취를 따라서 다니는 저희들이 이번 순례 중에 아무쪼록 예수님을 잘 느낄 수 있도록 해달라고 도움을 청하면서 드렸었다. 오늘은 예리고 착한목자 성당에서 주일미사를 드릴 것이다.

7시 40분에 암만 숙소를 출발해 알렌비 출입국관리소에 도착한 시각이 8시 40분이다. 이 출입국관리소는 원래 팔레스타인 난민들의 출입을 위해 설치하였다고 한다. 갑자기 요르단과 이스라엘이 국경선을 그어 분리되는 바람에 양국엔 약 200만 명의 팔레스타인 난민이 발생하게 되었다. 출입국관리소 근처 요르단 땅엔 지금도 난민들의 거주 텐트들이 즐비했다.

요르단을 떠나기에 앞서 수속을 기다리던 도중 요르단 측 관리소 화장실을 한번 이용해 보았다. 화장실 밖에서는 강아지들이 가까이에서 짖어대고 있는데 화장실 안에 냄새는 진동한다. 급하지 않으면 이스라엘 쪽에 가서 이용하라는 가이드의 얘기가 무슨 뜻인지 알겠다. 의심 많은 도마라서 별걸 다 체험해봐야 알아차리고 그런 다음엔 또 후회도 한다.

이곳에서 열악한 요르단의 환경을 체험하면서 국민소득 4000불 요르단과 그 10배인 이스라엘이 비교되었고, 동시에 국민소득 1200불인 북한과 그 20배, 30배인 우리나라가 대조되었다. 국왕이 통치하는 전제주의 국가나, 김 씨가 3대째 세습하고 있는 절대 독재국가는 경제적으로 낙후될 수밖에 없고 부패할 수밖에 없다. 국민을 제대로 먹여 살리지 못하고, 오히려 불편하게 만들고, 실천 가능한 비전도 없이 국가의 미래를 소홀하게 생각하여 희망을 주지 못하는 지도자는 차라리 ……

이런 생각을 하는 사이에 요르단 측 관리소를 9시 10분에 통과하여 이스라엘 관리소가 위치해 있는 사해 쪽으로 우리를 태운 버스가 들어간다. 우리 옆줄엔 덤프트럭들이 가다서다를 반복하며 도열해 있었다. 다행히 화물차 출입구는 별도로 마련되어 있어서 국경 통과 시간이 크게 단축되었다.

알렌비 출입국관리소를 통해 이스라엘 땅에 들어온 것은 10시경이었다. 보통은 3시간 내지 4시간이 걸린다는데 2시간 20분 만에 넘어왔으니 다행이다. 한 순례객의 표현대로 여기 이스라엘은 한마디로 부티가 났다. 구약에서 신약으로 넘어온 것이다.

다 같이 주모경을 바치는 것으로 다시 이스라엘에서의 순례를 시작하였다. 알렌비는 이스라엘 백성들이 여호수아와 함께 약속의 땅으로 넘어올 때 지나친 곳이라고 추정된다고 한다.

오늘 이스라엘에서의 첫 번째 행선지는 예수님의 세례 터이다. 가는 길가엔 대추야자 나무들이 즐비했다. 세례자 요한은 하느님의 나라가 가까이 왔으니, 회개하고 세례를 받으라고 선포하였다.

예수님께서 세례를 받으실 때 "어찌 당신이 제게 오십니까?" 하니 예수님께선 "의로운 일을 실행하기 위해 그대로 하자."고 말씀하시며 세례를 받으셨다. 그러자 하늘이 예수님께 열리고 비둘기 같은 성령이 내려왔고 "너는 내가 사랑하는 아들, 기쁘게 너와 함께 있겠다."라는 음성이 들려왔다고 성서는 전해주고 있다. 세례를 통하여 예수님의 신성이 다시 드러나게 되었다. 예수님께선 주님의 뜻에 따라 행동하셨고 좀 더 깊숙이 인간조건으로 들어오셨던 것이다. 즉 예수님의 세례는 죄 없으신 신성을 지니신 존재가 자신을 겸허히 낮추셔서 죄 있는 인간들과 합류한 사건인 셈이다.

지금 우리는 바로 그 장소 요르단강에서 세례갱신예절을 하고 있는 것이다. 우리 옆과 또 그 옆과 또 그 옆에도 여러 무리의 교인들이 각자의 종교예절에 따라 유사한 예식을 진행하고 있었다. 어떤 집단은 모두 흰옷을 입고 차례로 강으로 들어가서 예식을 치른다. 한결같이 표정이 밝았다. 푸른 하늘엔 흰 구름이 우리의 세례갱신을 축하라도 하는 것일까. 긴 띠를 그리며 펼쳐져 있었다. 다시 한번 확실히 마귀를 끊어 버리고 주님만을 믿겠다고 확신에 찬 다짐을 하였다. '요르단 강가에서'란 성가를 부르며 예식을 끝마쳤다.

요르단 강물은 누런 흙탕물이었다. 그 물로 이마에 주님의 아들이란 표시로 십자가를 받았다. 그런데 마음은 오히려 맑은 샘물처럼 깨끗해지는 느낌이었다. 화창한 날씨에 요르단 강가에서 축제 분위기 속에서 주님의 아들로 다시 태어났다고 생각하니 내 기분은 날아갈 것 같았다. 이런 기분이 바로 믿는 사람들만 느끼고 만끽할 수 있는 은총이리라! 그렇다. 은총이란 아무런 대가도 치르지 않고 이같이 주님께로부터 거저 공짜로 받는 것이다.

한 50~60미터 전방엔 요르단 국기가 걸려 있는 건물이 보였고 세례 터 이외의 강가엔 갈대들이 무성했다.

10시 50분엔 세례 터를 떠나 꿈란(Qumran)으로 향했다. 사해 건너편 저 멀리 길게 늘어져 있는 언덕 한가운데엔 느보산도 보인다.

꿈란은 예수님 당시 유대인들의 한 계파인 에쎈느(Essene)파가 살았던 곳이었다. 에쎈느인들은 하느님 심판이 다가온다고 믿고, 돈과 결혼 등 세속의 가치관을 멀리하고 율법에 따라 정결례를 철저하게 지키고, 스스로를 빛의 자녀라 생각하고 종말을 기다렸던 유대 남자들이다. 이들은 이곳 사해 부근 에인게디(Ein Gedi : 어린양의 샘) 광야사막에서 엄격하고 폐쇄적이고 금욕적이고 은둔적인 독신 공동체를 이루었었다.

이들은 로마가 서기 67년에 이스라엘을 함락시키자 피난을 떠났는데 자신들이 양피를 펴고 다듬어서 그 위에 성경을 베껴 썼던 두루마리 필사본들은 항아리에 담아 뒷산에 있는 여러 동굴에 숨겨놓았다.

헌데 1947년 잃은 양 한 마리를 찾아 헤매던 베두인족 한 목동이 그 양을 찾기 위해 한 동굴에 돌을 던졌더니 그릇 깨지는 소리를 들으면서 우연히 발견하게 되었다. 이들은 처음엔 발견된 가죽 필사본을 그 가치도 제대로 모르는 채 그곳에서 8킬로미터 정도 떨어진 베들레헴 읍내로 나가 구두 수선공에게 가죽값만 받고 팔아치웠다 한다.

간송 전형필 선생의 일대기를 보면 일제 강점기 때 처음엔 뭣도 모르고 시골 한 동네에서 엿 바꿔 먹고 참기름 담는 종기로 쓰던 자그마한 도자기 용기들이 나중에 보니 국보급 보물이었다는 얘기가 나온다. 이와 유사하다.

그런데 두루마리 얘기가 기자의 귀로 들어가고 확인결과 그 글씨가 성경 필사본이어서 도미니꼬회 등에서 이 동네 모든 동굴에서 본격적인 발굴작업을 하여 꿈란의 필사본이 세상에 알려지게 된 것이다. 이사야서만 완전한 형태로 발견되었는데 천주교에서만 성경으로 인정하는 제2경전 부분도 발견되었다 한다.

우린 에쎈느인들의 당시 생활 모습을 보여주는 단편영화를 본 후 필경실, 저수조, 정결례 목욕탕, 그리고 그 밖의 출토유물들을 포함하여 에쎈느인들의 생활 터전을 돌아보고, 그곳에서 점심을 하고 잠시 휴식을 취하였다. 그리고 1시 40분경에 사해로 출발하였다.

참고로 당시 유대인들의 파벌로는 에쎈느파 이외 바리사이(Pharisees), 사두가이(Saddoukaios), 그리고 열심당(Zealots) 등이 있다.

바리사이들은 극도로 엄격한 율법해석과 실천을 내세우며 스스로 특수층으로 자처한, 예수님과 격하게 대적했던 집단이다. 이들은 육신의 부활과 천사의 존재를 믿었다는 점에선 사두가이들과 갈등도 보였는데, 아무튼 때론 형식주의에 빠지는 경향도 보였다. 산헤드린의 구성원이며 유대인들의 지도자였던 니코데모 성인도 처음엔 바리사이파였었다. 나중엔 밤에 몰래 예수님을 찾아와 "스승님, 저희는 스승님이 하느님에게서 오신 스승님이심을 알고 있습니다."하고 고백하였으며, 아리마태아 사람 요셉이 예수님의 시신을 거둔 후엔 몰약과 침향을 가져왔었다.

사두가이들은 귀족사제층, 지방호족과 지주 등 기득권 지배층이 주 구성원이며 예수님에 대해선 바리사이들보다 더 격한 중

오를 보였다. 자신들의 기득권을 지키려고 로마제국 식민지 정책에도 협조하였으며, 부활은 믿지 않고 현세만을 중요하게 생각하였다.

그리고 열심당원들은 대의명분을 중시하며 로마 지배자들을 이스라엘 땅에서 몰아내고 자치를 열렬히 염원했던 유대인 집단이었다. 때론 폭력과 살해 등도 불사하면서 로마인들을 괴롭혔고 가끔씩 게릴라전도 펼쳤다. 예수님의 제자 중 시몬은 열심당원이었다. 열심당원들의 과격한 행동이 서기 70년에 로마가 예루살렘 성전을 파괴하는데 조그마한 빌미를 제공했었다고 볼 수도 있을 것이다. 이 대목에선 이렇게 공부한 흔적도 보인다.

사해(Dead Sea) 또는 소금바다(Salt Sea)는 남북으로 길게 늘어져 있는데 그 주변 총 길이는 200킬로미터 가까이 되며, 그 고도는 해수면보다 400미터 이상이나 낮은, 실제론 바다가 아닌 호수이다. 해수면이 매년 1미터씩 낮아지고 있는데 50년 후면 완전히 말라버릴 것이라는 우울한 전망도 나온다 한다. 유입되는 요르단 강물은 줄어드는데 기온상승으로 사해에서 증발되는 수분은 많아지고, 또 이 물을 끌어다가 화장품 등도 제조하고 있으니 그럴 수밖에 없는 것 같다.

남의 일 같지가 않다. 사해뿐만 아니라 지구 곳곳에서 우리 인간들의 무분별하고도 탐욕스러운 개발이 파괴로 이어져서 안타깝다. 우리가 사해체험을 한 사해 칼리아 비치(Kalia Beach)에는 '- 413m'라는 팻말이 샤워실과 비치 등을 가르치는 표시판과 함께 서 있었다. 헌데 지금은 - 427m란다. 그렇다면 이 팻말은 약 14년 전에 세워졌던 모양이다.

동서 형님과 난 한 조가 되어 반바지 차림으로 웃통은 훤히 내보인 채로 샤워실에서 비치까지 제법 먼 길을 노익장도 과시하며 활개 치며(?) 걸어 내려갔다. 사해해변은 검은 진흙뻘로 검게 물들어 있었다. 온몸에 뻘을 바른 후 들어가려는데 물속 뻘에 발이 빠져서 균형 잡기가 매우 어렵다. 해서 품격은 조금 떨어지지만 두발 아닌 네발로 기면서 들어갔다. 겸손함의 표출인 것이다. 힘든 뻘 층을 지나니 곧 모래층이 나온다. 여기선 쉽게 설 수도 있고 물에 몸을 담그기도 편했다.

물에 담그고 머리를 고추 세워 몸을 뒤로 젖히는데, 듣던 바와 같이 발과 손으로 물을 휘젓지도 않았는데 신기하게도 내 몸이 둥실둥실 가볍게 뜬다. 여기 사해에선 몸이 가라앉는 것보다 오히려 강한 부력으로 180도 뒤집힐 것에 주의해야만 했다. 염도가 높아서 사해물이 눈이나 안경 등에 닿으면 예기치 못한 불상사로 이어질 수도 있기 때문에 긴장이 된다. 어릴 적에 보았던 사회교과서에 실린 사진처럼 사해에 누워서 하늘을 물끄러미 쳐다보는데 고개를 조금 더 세우니 저 멀리엔 느보산도 눈에 들어온다.

이렇게 20여 분 사해체험을 마치고 나니 몸이 정말 가벼워진다. 오전에 요르단 강가에서 세례 갱신식을 마쳤을 땐 마음이 가벼워졌었는데 이제 몸도 가벼워졌으니 금상첨화란 이럴 때 꼭 맞는 표현일 것이다. '좋다. 좋아 지화자 좋다.'란 소리가 절로 나온다.

진귀한 사해체험을 온몸으로 마치고 3시 15분에 사해를 출발하여 예리코로 향했다. 떠난 지 채 10분도 지나지 않아서 예리코 지역으로 들어왔다.

예리코(Jericho)는 유대인들이 들어가지 못하는 팔레스타인 자치구에 있으며 지도엔 보랏빛으로 표시되어 있다. 버스는 현재 예리코의 중심지를 지나고 있는데, 길가 오른쪽에 보이는 큰 나무가 자캐오 나무(the Zacchaeus Sycamore Tree)라 한다. 키 작은 세리 자캐오가 예리코를 방문하시는 예수님을 뵙기 위해 올라갔던 돌무화과 나무이다.

성경에 나오는 한 착한 사람으로 알려진 부자 젊은이는 영생을 얻으려면 재물을 다 팔아 가난한 이들에게 나누어 주어라는 예수님 말씀에 실망하며 돌아섰는데, 세리 자캐오는 재산의 반을 가난한 이들에게 주겠다고 약속하였고, 횡령한 것이 있다면 네 배로 갚겠다고 하였다.

나쁜 사람으로 알려진 세리 자캐오는 이미 예수님의 말씀을 따랐던 것이다. 예리코에서 지나가시는 예수님을 기다렸다 만난 자캐오는 열정과 용기와 확신과 겸손을 지니며 예수님께 나아가려고 노력하였다.

또 우리가 버스를 타고 지나는 좌측 산 아래엔 헤로데의 겨울 별장이 있었다고 한다. 그래서 그곳이 예수님 당시엔 예리코의 중심지로 추정된다고 한다. 또 그쪽은 예수님께서 갈릴리에서 에리코로 와서 예루살렘으로 들어가실 적에 이용하셨던 길이였다고 가이드가 설명해준다. 이 순간 난 갑자기 예수님께서 당시 걷는 모습을 떠오르기 시작하였다. 그리고 그냥 예수님이 마치 무슨 애인인 것처럼 그리워지기도 하였다.

아! 미천한 우리들을 위해 오셨던 그분, 그리고 우리들을 위해서 대신 고통 받으셨던 그분, 그분이 그립고 그분 생각이 난다. 이때 나의 애인 예수님은 내겐 순전히 인간적인 모습의 예수님이셨다. 신성과 인성을 함께 갖춘 분이라는 사실과는 거리가 있었다. 마치 풋풋하게 젊었던 시절 어느 날, 내 아내 유리아나가 혼자 2박 3일 피정 여행을 떠나면 집에 홀로 남아 아내를 그리워했던 그런 느낌과 유사하였다.

현재 에리코의 인구는 3만 3천 명 정도인데 세계에서 인간이 살았던 가장 오래된 도시들 중 하나라 한다. 이곳에선 기원전 8000년대에 인간이 살았던 유적이 발견되었기 때문이다. 그리고 해저 250미터에 위치해 있어 세계에서 제일 낮은 도시에 속한다.

오후 4시 주일미사에 앞서 유혹의 산(the Mount of Temptation)이 보이는 전망대에 들러 1.3킬로미터 떨어져 있는 산을 바라보았다. 산 중턱엔 동방정교회 수도원이 고요하게 박혀 있었다. 3시 50분경에 착한목자 성당(Good Shepherd Church)에 도착하였다. 이 성당도 프란치스코회가 관리하고 있었다. 세계 도처에서 주일미사를 드리러 이곳에 온 순례객 그룹들이 여럿 보인다. 중앙 성당, 지하 성당, 뒤편 야외 성당, 그리고 야외 뜰. 이 모든 곳에서 현재 각 순례객 그룹별 미사 또는 모임이 진행되고 있었다.

이때 우리의 현지 가이드가 현지 수사신부님께 4시에 미사 드리지 못함에 거칠게 항의하는 모습이 들어오는데 내 눈에 몹시 거슬렸다. 순례에 왔기 때문에 꾹 참았지만 불쾌하기 짝이 없었다. 사전 계획한 시간에 맞춰서 진행하려는 것은 고맙지만, 오로지 그것에만 신경 쓰고, 차질이 조금만 생기면 여유 없이 참지 못하고 성질을 다 쏟아내는 가운데서도 난 평정심을 찾고 흔들리지 않으려고 무척 애썼다.

우린 4시 반이 되어서야 앞의 그룹이 미사를 끝마쳐서 이어서 야외 성당에서 미사를 볼 수 있었다. 우린 앞서 미사를 마치며 나가는 순례객들과 반갑게 인사를 나눴다. 그들은 말레이시아에서 왔단다. 오늘의 강론 말씀은 다음과 같았다.

"예수님께서는 요르단강에서 세례를 받으실 때 내가 사랑하는 아들이란 하느님의 음성을 들으며 신원을 확인하셨고, 다볼산에서 똑같은 음성을 듣고 신원을 재정립, 확인하실 수 있었습니다. 우리도 자신이 누구인지, 이미 찾아낸 것을 또는 알게 된 것을 잘 정화시킬 필요가 있습니다. 어떤 앎을 정화시켜내지 않는다면 독단으로 흐르기 쉽고, 심지어는 남에게 상처를 주는 송곳이 되기도 합니다.

예수님께서도 정화시키기 위해서 광야로 나가셨습니다. 거기서 유혹받음, 어려움, 고통당함, 상처받음 등을 겪으셨는데, 이는 한 단계 업그레이드 하는데 필요한 시간이고, 필수적인 과정입니다. 만약에 우리가 피정을 마치고 집으로 돌아가고 싶은 생각이 들지 않는다면, 이는 필시 우리의 일상 삶이 퍽퍽하고 고달프고 광야와도 같은 것이기 때문이었는지도 모릅니다. 하지만 그런 우리 삶은 우리가 진정으로 자리매김하고 정화되기 위해선 꼭 필요합니다. 그러면 우리의 삶은 보다 많은 이들을 보듬어주는 삶으로 변환될 것입니다.

아무쪼록 앞으로 얼마 남지 않은 순례 일정에서도 많은 것을 알고 또 찾게 되고, 그런 다음에 돌아가서 일상 삶 속에서 이것들을 정화시켜 자신의 삶을 더욱 풍성하게 만들고, 더 나아가 세상을 보다 아름답고 인간적인 것으로 변화시키는 데 밑거름이 되었으면 좋겠습니다."

미사를 5시 반경에 마쳤는데 바깥은 이미 깜깜하다. 잠시 성당에 들어가 기도하며 내부를 둘러보았다. 제대 뒤편엔 모자이크화 세 개가 있는데, 중앙엔 시각장애인의 눈을 뜨게 하시는 장면이고, 왼편엔 제자들과 함께 예리코를 방문하시는 장면이며, 오른편엔 자캐오가 예수님을 집으로 모시는 장면이다. 모두 이곳 예리코에서 예수님께서 행하신 성경이야기를 그림으로 표현한 것들이다.

예리코에서 미사를 마치고 마지막에 들린 곳은 근처에 있는 엘리사의 샘(Ein Sultan Spring)이었다. 이곳은 예언자 엘리사가 나쁜 물을 인간이 사용할 수 있는 좋은 물로 변화시킨 샘인데, 일전에 요르단에서 본 모세의 샘 와디무사와 비교가 되지 않을 정도로 샘이 크며 수량도 많고, 현재도 샘에서 나온 물이 힘차게 흐르고 있었다.

오늘 일정은 약간의 편치 않은 기분을 남긴 채 예리코에서 마감하였다. 예리코에서의 묵상은 아무래도 집에 가서 해야 할 것 같다. 착한목자 성당에서 착한 목자인 수도회 사제에게 거칠게 항의하며 심한 말을 내뱉은 현지 안내인의 불쾌한 언행이 버스를 타고나서도 한동안 지워지지 않는다.

버스는 밤에 한참을 달리고 예루살렘 유데아 광야(the Desert of Judea)를 지나 늦은 밤에 예루살렘의 숙소, Dan Jerusalem Hotel에 닿았다. 방에 들어가니 쾌적하고 또 이곳에서 앞으로 3일을 지내게 되니 성지순례를 모두 마칠 때까지 3일간은 아침에 짐을 챙기지 않아서 좋다. 이렇게 아홉 번째 날도 분주하게 지나갔다.

"**예수님을 좀 더**
가까이 느낀 여행,
이스라엘"

제20장 예루살렘(1)

"18. 11. 19. (월) 맑음

"예수님께서 몸을 돌려 베드로를 바라보았다."

Jerusalem (1)

오늘과 내일 일정이 이번 순례의 하이라이트이기에 그만큼 바쁠 것으로 예상된다. 이스라엘의 경제 외교의 수도는 텔아비브이고, 인구 90만 명의 예루살렘은 행정수도이자 해발 800미터에 위치해 있다.

오늘의 첫 방문지는 예루살렘 서쪽 아인커렘(Ein Kerem)이다. 아인커렘은 '포도원의 샘'이란 의미에 걸맞게 물이 풍부한 골짜기에 위치해 있어 올리브나무를 비롯하여 식물들이 잘 자란다. 또한 세례자 요한의 탄생지이고 성모님의 방문지이다. 현대엔 Ruben Rubin을 비롯해 많은 예술인들이 이곳에 모여 살고 있다고 한다. 아인커렘 마을과 주변 경관은 유네스코에서 세계유산의 장소로 고려하고 있을 정도로 아름답다.

하느님의 인류 구원사는 바로 이곳에서 시작된다. 주님께서는 예수님이 태어나기에 앞서 세례자 요한을 먼저 보내셨다. 세례자 요한은 엘리야 예언자처럼 낙타털로 만든 옷을 입었으며 허리엔 가죽끈을 두르고 있었다. 유데아 광야에 살았던 그는 사람들에게 그리스도가 오실 것을 설교하였으며 세례를 주었다. 예수님께 세례를 준 이도 바로 세례자 요한이었다.

하느님은 또한 천사를 보내시어 비록 마리아가 처녀이지만 예수님을 잉태할 것이라고 말씀하셨다. 마리아는 겸허하게 하느님의 뜻을 받아들였고 예수그리스도의 탄생을 신실하게 기다렸다. 예수님의 이야기가 바로 예루살렘에서 약 4킬로미터 떨어진 아인커렘이라 불리는 이 작은 마을에서 시작된다. 복음에는 세례자 요한의 탄생 마을이 유다 산골이라 나오는데, 즈카리아 가문이 아인커렘 안쪽에 있었다고 구전으로 전해 내려와 이곳에 세례자 요한의 기념성당이 세워지게 된 것이었다.

8시 이전이 출근 및 등교 시간이라 예루살렘 길에 차가 많이 막힌다. 제일 먼저 우린 8시 15분경에 세례자 요한 탄생 기념성당(the Church of St. John the Baptist)에 도착했다. 이 성당은 세례자 요한이 태어난 곳에 세워졌다. 성당의 외형은 단순하고 평범하다. 즈카리아는 천사의 말을 듣고 아들의 이름을 요한으로 정하니 막혔던 말문이 트였다. 성당에 들어가서 왼쪽 층계로 내려가면 동굴이 나오는데 세례자 요한이 탄생하신 곳이다. 동굴 경당 안 대리석엔 라틴어로 다음과 같은 구절이 새겨져 있다. "주님 앞에 왔던 사람이 여기서 태어나다."

아인커렘에서 두 번째로 방문한 곳은 성모님 방문성당(the Church of the Visitation)이었다. 마리아의 우물(Mary's Well)로부터 좁은 산길을 따라 올라가면 마리아 방문성당이 나온다. 이 성당은 천사가 성모님에게 나타나 아기를 잉태할 것이라는 계시를 준 후, 성모님이 그녀의 친척 엘리사벳을 만나러 갈릴리 지역 나자렛에서 유다 산악지역 아인커렘을 방문한 것을 기념하여 지어졌다. 성당터는 즈카리아와 엘리사벳의 집이 있었던 곳이다.

최초의 성당 건축은 비잔티움 시대까지 거슬러 올라간다. 4세기 비잔틴 시대 때 건립되었다 파괴되어 12세기 십자군 시대 때 그 위에 다시 세워졌으며, 또다시 파괴되어 현재 사용 중인 성당은 19세기에 프란치스코 수도회에 의해 지어진 것이다. 십자군 시대 성당의 잔재가 아직도 일부 남아 있었다.

성당 건물 바깥에서 정문을 통해 들어가면 세계의 여러 나라에서 온 다양한 사람들이 성모마리아를 경배하는 벽화들을 볼 수 있다. 성당의 아래층엔 1미터 길이의 암석 하나가 놓여있다. 전승에 의하면 이 암석은 세례자 요한이 헤롯 왕을 피해 숨었던 동굴의 입구를 막기 위해 사용했던 것이라 한다.

성모님께서 이곳에서 석 달가량 엘리사벳과 함께 지내다가 나자렛 집으로 돌아가셨다고 한다. 성당에 들어가 묵상을 하고, 이 성당을 관리하고 있는 프란치스코회에 감사드렸고, 아이들을 위해 기도한 후, 그간 장기 유고 중인 레지오 활동을 재개하기로 마음먹었다.

아인커렘 지역에서 순례를 마치고 9시 20분에 시온산(Mt. Zion)으로 향했다. 교통체증은 풀렸는데 이번엔 버스가 말썽이다. 언덕을 올라갈 때 버스 뒷문이 자꾸 열린다. 위험하다. 점심때 버스를 교체하기로 하고 임시조치를 취한 후 조심스럽게 시온산에 도착했다.

시온문(the Zion Gate)벽엔 6일 전쟁 때 아랍인들이 쏜 총탄 자국들이 그대로 남아 있었다. 이스라엘이 그때 이곳 동예루살렘을 되찾은 것이다. 시온문 밖에는 시온산이 있으며 시온문 안에는 유대인 지역이 있다. 시온산 왼쪽엔 힌놈 골짜기(Hinnom Valley)가 있고 건너편엔 멀리 올리브 동산(Mount of Olives)이 보인다.

이곳에서 우리는 성모님 영면 성당과 최후의 만찬 경당을 보게 되는데, 최후의 만찬 경당 건물엔 다락방이 최후의 만찬 경당 위층에, 그리고 세족례 방은 아래층에 함께 들어있다. 성모님 영면 성당은 이스라엘 땅에서 성모님의 발자취가 남겨진 마지막 장소 위에 세워졌다. 그렇다고 여기서 성모님께서 영면하셨다는 것은 아니다. 제대 위엔 성모님이 아기 예수님을 안고 있는데, 아기 예수님이 들고 계신 성경책이 열려져 있다. 이는 현재 가르치고 계시는 것을 의미한다고 한다. 반대로 들고 계신 성경책이 닫혀있으면 이는 오실 예수님을 의미하는 것이라 한다.

성모님 영면 성당은 천장이 높아 공명이 잘되는 아름다운 성당이다. 우린 제대 앞에 앉아 성가를 부르며 성모님을 찬미하였다. 성당벽은 6개의 경당으로 둘러싸여 있다. 분도회가 관리하는 성당인데, 과거엔 사제들이 공동 집전 없이 각 경당에서 개별미사를 드렸다고 한다.

이어서 옆에 위치한 최후의 만찬 경당으로 갔다. 가는 도중 골목길에서 현지 가이드가 설명해준다. 원래는 성모님 영면 성당과 최후의 만찬 경당 건물, 그리고 뒤편에 있는 수도회 건물 모두 프란치스코 수도회였는데, 현재는 그 안에 우리가 지금 서 있는 골목길이 나면서 세 부분으로 나누어졌다고 한다.

최후의 만찬 경당에 들어가니 큰 홀이 나온다. 공관복음엔 2층 '큰 방'이라고 기술되어있다. 거기서 계단으로 내려가면 요한복음에만 기술된 아래층 세족례 방이 있기에 여기가 바로 2층 '큰 방', 최후의 만찬 장소인 셈이다. 그리고 '큰 방' 안 한 쪽 면에 설치되어 있는 계단은 좁은 다락방으로 연결된다. 다락방 문은 굳게 잠겨있고, 작은 창문 너머로 다락방의 아주 일부만 보인다.

예수님께서 돌아가시자 제자들은 성모님을 모시고 여기 다락방에서 숨어 지냈다. 갈릴리 지역 촌사람들인 제자들은 촌티가 나서 밖에 나가면 예수님의 제자들로 금방 탄로가 날 테니, 최후의 만찬 방을 빌려준, 예수님께 마지막까지 호의를 베푼 지인에게 신세를 지고 이 다락방에 숨어 있었을 것이다. 그런데 부활하신 예수님의 승천을 보고 성령을 받자, 제자들은 힘과 용기가 생겨나 칩거를 끝내고 예수님의 부활하심을 증거하며 예수님의 말씀을 가르치며 다녔던 것이다.

세족례 방엔 이스라엘 정부가 다윗의 묘소를 설치했다고 한다. 물론 가묘다. 유대인들에겐 예루살렘 하면 시온산, 시온성이고, 시온성은 곧 다윗성이다. 해서 다윗궁전이 있었던 근처에 유대인 마음대로 다윗왕의 무덤을 만든 것이다. 다윗왕을 무척 존경하고 좋아하는 유대인들은 비록 가묘이지만 이곳에 와서 진짜 묘소인 양 실감 나게 경배한다고 한다. 당시 세족례 방이었던 다윗왕의 무덤을 들어가는 데엔 여성은 왼쪽으로 남성은 오른쪽으로 각기 입구가 달랐고, 남성은 모자를 쓰고 들어가야만 하였다.

'예수님'의 저자 마틴 신부는 미사 예절에서 세족례가 들어갔더라면 천주교회의 모습은 지금과는 아주 달라졌을 것이라고 아쉬워한다. 예수님을 따르는 교회 내에서 겸손함은 아무리 강조해도 지나치지 않는다는 것을 강조하는 것이라고 이해하고 나도 전적으로 동의한다. 현재 세족례는 성목요일에만 거행된다.

아쉬움을 뒤로하고 언덕에서 예루살렘성 올리브산 키드론 골짜기를 보면서 베드로 회개 성당(the Church of St. Peter in Gallicantu)쪽으로 걸어 내려갔다. 이곳은 원래 대사제 가이아파의 집이다. 성당엔 예수님께서 최고의회 의원들로부터 심문받는 그림이 걸려있었다. 관련 성경을 읽고 묵상하였다. "예수님께서 몸을 돌려 베드로를 바라보았다."란 귀절이 내 가슴을 때렸다. 순간 난 베드로와 일치되었다. 그리고 이렇게 마음속으로 기도 드렸다.

"주님, 용서해 주십시오. 주님을 못살게 굴고 배반한 죄인이 지금, 이 앞에 왔습니다. 당신을 사랑한다고 하면서 말입니다. 앞으론 보다 착하게 살겠습니다. 약한 저를 붙들어 주십시오. 감사합니다. 아멘."

가이아파의 집은 대저택이어서 지하엔 커다란 빗물저수탱크도 갖추고 있었다. 물론 감옥도 있었지만, 감옥에 예수님을 함께 가두어 놓으면 혹시 다른 죄인들에게 좋지 않은 영향을 미칠까봐 두려워 예수님은 별도로 빗물저수조에 가두었다. 지하 감옥으로 들어가려는데 우리 앞에 두 그룹이나 있다. 바로 앞 그룹은 흑인들인데 그 가이드는 매같이 생긴 유대여성이다.

기다렸던 중에 만만치 않은 우리 가이드와 유대여성 가이드 간 옥신각신 말다툼에 큰소리에 경미한 몸싸움까지 벌어진다. 황당하고도 당황스럽다. 손이 안으로 굽는지 이번엔 우리 현지 가이드가 안쓰럽게 느껴진다. 그 거친 유대여성 가이드 때문에 유대인하면 정내미가 떨어진다. 아차! 이러면 안 되지. 예수님도 유대인이고 제자들도 유대인이고, 또 내가 좋아하는 성경에 나오는 여성들, 마리아와 마르타, 마리아 막달레나, 베로니카, … 엘리사벳, 안나, 그리고 성모님도 유대인 여성이 아닌가! 난 너털웃음을 지었다.

　평화주의자들인 점잖은 한국의 순례객들은 아쉽지만, 더 이상의 마찰이 싫어서 저수조 감옥을 보는 것은 포기하고, 식당으로 갔다. 아무튼, 사랑과 자비 그 자체이신 예수님의 성지 한 현장에서 이런 터무니없는 일이 벌어졌다는 것은 몹시 부끄럽고 안타깝고 유감스럽고 아이러니하고 …….

　점심을 한 후 1시 40분경에 먼저 찾아간 곳은 올리브산 예수님 승천 기념경당(the Church of Ascension)이었다. 처음 비잔틴 시대에 지어졌고 파괴되어, 그 후 십자군 시대에 재건축되었는데, 이 두 경당 모두 승천을 의미하는 뜻으로 지붕을 두지 않았었다고 한다. 헌데 현잰 회교 사원으로 사용되고 있는데 경당꼭대기엔 원형 지붕이 올려져 있었다. 원형 지붕의 모습은 그런대로 괜찮았지만, 사진엔 남기지 않았다. 내가 만약에 건축 관련 책을 쓴다면 건축에서 없는 것이 있는 것보다 좋은 예로 예수 승천 경당의 이 지붕을 찍어서 보여줄 것이다. 그러나 난 그런 집필계획이 없어서 지붕 사진은 불필요하다. 속 좁은 사람의 생각이다.

　그다음 찾아간 곳은 주님의 기도 성당(the Church of Lord's Prayer)이다. 예수님께서 예루살렘에 오셔서 동굴 두 곳에 머무셨는데 그중 하나가 이곳이었고 기도 잘하는 법을 가르쳐달라는 제자들의 요청에 '주님의 기도'를 가르쳐주신 장소이다. 19세기에 프랑스 공주가 이곳을 구입하여 갈멜 수녀회에서 성당을 지어 관리하고 있는데, 지금도 이곳은 프랑스령이라 한다.

그 동굴에 들어가 잠시 묵상하면서 나도 예수님께 "주님, 기도 잘하는 법을 가르쳐 주십시오."하고 질문하였다. 그랬더니 "도마야 열심히 신앙생활(성경 읽기, 묵주기도, 레지오 활동 등 신심단체활동과 묵상)을 하거라. 그러면 자연히 기도를 잘할 수 있단다. 실천 없는 기도는 아무 소용이 없단다. 알겠니?" 하는 응답이 들려오는 것 같았다.

그곳에서 다시 언덕길을 따라 내려가니 저 멀리 황금사원 뒤로 예수님 무덤 성당돔 지붕이 보인다. 우리가 걷는 길 양편에도 저 멀리 성 담벼락 아래에도 무덤들이 즐비하다. 이쪽은 유대인 무덤이고 건너편 성벽 아래는 아랍인 무덤이란다. 이윽고 예수님께서 올리브 동산 중턱에서 예루살렘을 보고 눈물을 흘린 곳에 세워진 주님의 눈물 성당(the Church of the Dominus Flevit)이 나온다.

예수님께서 이스라엘을 파멸로부터 구하러 오셨는데 이스라엘이 그분을 거부했고, 그의 백성들은 파멸될 지경에 이르렀다. 이를 아신 예수님께서는 올리브산에서 예루살렘을 바라보시며 눈물을 흘리셨다. 주님의 울음을 기억하여 이곳에 눈물 성당이 세워진 것이다.

샬레(chalet)같이 지붕이 뾰족한 매력적인 설계로 1955년에 세워진 성당인데 지붕 네 코너엔 항아리가 올려져 있다. 이는 예수님의 눈물과 슬픔을 상징하고 있다. 성당 안엔 단 하나의 창문이 있는데 서쪽을 향해 있다. 그 창문을 통해서 보는 예루살렘의 전경은 한 폭의 아름다운 그림이다.

그다음 조금 이동하니 게쎄마니 그로토가 나온다. 내려가 보니 성당은 동방정교회와 이웃하고 있다. 그곳은 예수님께서 기도하실 때 제자들은 졸고 있던 장소이다. 자식들을 위해 끊임없이 기도하리라고 각오를 다짐하며 게쎄마니 성당(the Church of Gethsemane) 또는 만국 성당(the Church of All Nations)에서 미사에 임하였다. 헌데 이게 웬일인가! 신부님 강론 말씀이 끝나자마자 막 졸음이 쏟아지기 시작한다. "도마야 너는 한 시간도 참지 못하는구나! 깨어 있어 기도하여라." 하는 소리가 들리는 것 같았다. 신부님은 다음과 같이 강론하셨다.

"아무리 계획하고 준비해도 예상치 않게 어쩔 수 없는 일이 일어나곤 합니다. 이로 인해 안타깝고 상처받곤 합니다."

그리고 신부님은 '여인숙'이란 시 한 편을 소개해 주시면서 기쁨, 절망, 슬픔 등 예상했든지 아니면 예상치 못했든지 모든 방문객들을 즐겁게 맞이하자고 하였다.

"모든 방문객들을 결국 기쁨을 주기 위해 방문하는 것인지도 모릅니다. 즐거운 마음으로 초대하고 방으로 맞아들입시다. 웃으면서 받아들입시다. 그러면 모든 것들이 반려자일 수도 있겠습니다."

미사를 마치고 우리는 게쎄마니에서 벳파게로 출발하였다. 오늘의 마지막 방문지인 벳파게는 예수님께서 나귀 타고 예루살렘으로 입성하신 곳이다. 현재 예루살렘입성 기념성당(Bethpage Church)은 1883년에 프란치스코 수도회가 중세 옛 성당터 위에 건립한 것이다. 성당 제대 뒤 벽면엔 제자들을 대동하고 어린 나귀를 타고 예루살렘에 입성하시는 예수님의 모습이 그려져 있다. 또 제대 근처 왼편엔 가로와 세로, 그리고 그 높이가 각각 1미터 남짓 되어 보이는 정육면체 돌이 놓여 있는데, 이는 예수님께서 나귀를 타실 때 사용했던 디딤돌로 추정된다고 한다.

매년 성지주일엔 이곳 예수님 예루살렘입성 기념성당 마당에서 말씀의 전례로 오후 2시 반에 행렬이 시작되어 사자문으로 예루살렘에 입성하여 6시가 돼서야 안나 성당에서 입성예절을 모두 마치게 된다고 한다.

라자로의 마을 베타니(Bethany)는 이 근처에 있는데 팔레스타인 지역에 속해 있기도 하고, 이스라엘이 쳐놓은 분리장벽으로 가로막혀있어 방문을 생략하였다.

베타니는 '가난한 이의 집'을 의미한다고 하는데 현재도 여긴 빈곤층 아랍인들의 동네라 한다. 라자로가 살았을 것이라고 믿어지는 곳에 라자로 경당이 세워져 있고, 그 근처 공동묘지엔 라자로의 무덤도 있다 한다. 예수님의 친한 벗인 라자로와 그의 여동생 마르타와 마리아가 살았던, 예수님도 갈릴리에서 예루살렘으로 여행할 때 수차례 방문하셨을 라자로의 마을 베타니를 가볼 수 없는 것은 무척 아쉬웠다. 아마도 예수님께선 베타니

라자로 남매 집에서 휴식을 취하신 후 벳파게를 통해 예루살렘으로 입성하셨을 것이다. 성당 뒤편 아래론 유대광야가 펼쳐져 있었다.

　이로써 예루살렘에서의 첫날 순례를 정신없이 마쳤다. 이제서야 드디어 내가 오늘 예수님의 발자취를 따라서 성지중의 성지(the Holy Land) 예루살렘 땅을 보았고 밟고 다녔구나 하고 정신이 돌아온다. 하도 엄청난 많은 것들을 순식간에, 거의 동시에 접해서, 그리고 말 그대로 정신이 하나도 없어서 뭘 봤는지 기억이 가물가물하다. 자기 전에 찬찬히 기억을 살려 되짚어 봐야겠다.

　내일도 또 다른 수많은 엄청난 성지들을, 특히 예수님께서 고통당하시고 돌아가시고 부활하셨던 곳을 정신없이 다녀야 할 테니까 말이다. 몸은 피곤했지만, 예루살렘을 보았다는 흥분과 기쁨에 넘쳐 잠이 잘 오지 않는다. 잠을 못 자도 좋다 그렇게 오랫동안 와서 보기를 꿈꾸어왔던 예루살렘을 오늘 드디어 보았으니까 말이다!

제21장 예루살렘(2)

'18. 11. 20. (화) 맑음

"참으로 이분은 하느님의 아드님이셨다."

Jerusalem (2)

크리스천들, 유대인들, 그리고 회교도들의 성지인 예루살렘은 유데아 광야에서 해발 800미터 언덕 위에 우뚝 서 있다. 종교적으로 매우 특별한 도시 예루살렘 안에서는 오직 평화스럽고 성스런 일들만 발생되었을 것이라고 믿을 수도 있겠는데 이는 큰 오산이다. 예루살렘의 오랜 역사에서 서로 다른 종족들 간의 공존, 서로 다른 종교들 간의 공존으로 결국 현재까지 어떠한 근본적인 평화도 누리지 못하고 있는 것도 사실이다.

회교도들은 바위사원(the Rock of Dome)에서 메카쪽을 향해서 절을 하며 기도를 한다. 유대인들은 그 사원의 60미터 길이의 옛 벽 가까이에서 울면서 기도한다. 그리고 크리스천들은 십자가를 지고 십자가의 길을 돌면서 예수님께서 당하셨던 고통에 합류한다.

한 도시에서 서로 다른 종교의 이질성을 보는 것은 방문객들에겐 매우 흥미롭지만 동시에 당혹스럽기도 하다. 그럼에도 불구하고 예루살렘은 방문객들에겐 매력적인 도시이다. 도시 구석구석이 성지라고 말하는 것은 전혀 과장이 아니다. 보물창고처럼, 예루살렘 도시 곳곳에는 역사적으로, 종교적으로 풍성한 유적유물들이 숨겨져 있다.

오늘은 순례 일정이 빡빡한 날이라서 7시에 숙소를 출발하였다. 오늘은 예수님에 대한 신앙에 있어서 가장 중요한 곳, 즉 태어나시고, 고통 받으시고, 돌아가시고, 부활하신 곳을 모두 방문하게 된다. 313년 콘스탄티누스 황제는 꿈의 계시에 따라, 불리한 전장에서 십자가를 들고 나가 승리를 거두자, 예수님을 메시아로 선언하는 밀라노 칙령을 발표하였다. 이는 황제의 어머니 헬레나 성녀의 영향도 컸을 것이다. 그 후 헬레나 성녀는 세 개의 성당을 세우는데, 예루살렘에 예수님 무덤 성당, 베드레헴에 예수님 탄생 성당, 그리고 어제 순례했던 주님의 기도 성당이다.

오늘 첫 순례지는 예수님 무덤 성당(the Church of the Holy

Sepulcher)이다. 헬레나 성녀의 명령으로 지어진 이 성당은 십자가의 길(Via Dolorosa)의 최종 목적지이기도 하다. 이 자리에서 세 개의 나무십자가, 대못 하나, 그리고 '예수, 유대인들의 왕'이라 적힌 나무판이 출토되었다.

성당은 여러 차례 건축 — 파괴 — 재건축을 반복하였다. 현재는 기독교 6개의 계파에서 이 성당을 공동 관리하고 있다. 그러나 아이러니하게도 성당 문의 열쇠는 회교도들이 소유하고 있다. 이 성당 안엔 십자가의 길 제11처에서 제14처까지 마지막 4처가 있는데, 각 처도 서로 다른 계파가 관리하고 있다. 가령 성당 건물 1층에 예수님 시신을 내려서 누워 놓았던 곳엔 돌판이 있는데, 이곳은 십자가의 길 제13처로 '제자들이 예수님 시신을 십자가에서 내림을 묵상하는' 곳으로 동방정교회에서 관리하고 있다.

우선 2층으로 올라가서 예수님께서 돌아가셨던 곳, 십자가의 길 제 12처 앞에서 무릎을 꿇고, 예수님께서 십자가 위에서 돌아가심을 묵상하고, 구멍에 손을 넣어 그 아래의 돌도 만져보았다. 이곳이 골고타 언덕 예수님께서 못 박히신 십자가가 세워졌던 곳이다. 너무 놀라서 그랬을까, 아니면 다소 요란하게 장식된 주위분위기에 정신을 빼앗긴 것일까, 아니면 충분한 시간을 갖지 못해서 그런 것일까. 막상 12처 앞에서 묵상을 할 적엔 동네 성당에서 성금요일 예절을 할 때보다도 슬픔에 덜 젖어 들었다. 순간 참 아쉽고 안타까웠다.

묵상을 마치고 뒤로 물러 나와 생각해보니 갈릴리 호숫가에서 보았던 바로 그분이 수난당하시고, 여기서 돌아가셨다는 생각이 들자, 그제야 뒤늦게 슬픔이 밀려온다.

묵상을 다 마치고 아래층으로 내려와 뒤편 수도회 사무실(?)을 거쳐 찾아간 곳은 소성당이었다. 비교적 조용한 가운데서 미사를 드리는데 바깥에선 성가 소리도 들린다. 어디선가 미사를 드리는 모양이다. 미사를 드리면서 복음 말씀을 들은 후, 성지순례에서의 느낌을 한 단어로 표현해보라는 신부님의 말씀을 듣고, 난 서서히 제정신이 돌아오기 시작하였다. 우리 순례객들 가운데서는 사랑, 자비, 두려움, 마침표, 배려, 그리고 평화 등의 대답이 나왔다. 옆에 있던 아내는 '경이로움'이라고 말하고 난 '놀람'이라고 대답했다. 신부님은 '눈물'의 이미지가 생각난다고 말씀하시고 강론을 이어나갔다.

"어제부터 우리가 방문한 곳은 마리아의 눈물, 베드로의 눈물, 많은 제자들의 눈물, 그리고 오늘 우리는 예수님 하느님의 눈물 앞에 와 있습니다. 함석헌 선생님이 말한 '눈에 눈물이 고이면 그 렌즈를 통해 하늘나라가 보인다.'란 구절을 나는 좋아합니다. 구약부터 신약까지 많은 성경인물들이 우셨습니다. 예수님도 피눈물이 나도록 우셨다고 성경은 표현하고 있습니다. 그분들은 눈물이란 렌즈를 통하여 아마도 하느님의 나라를 접한 사람들이 아닐까 하고 생각합니다. 수많은 절망, 괴로움, 상실감, 슬픔, 아픔들, 그리고 벗어날 수 없는, 뛰어넘을 수 없는 죽음 앞에서 어쩌면 우리는 예수님을 통해 그 선을 넘게 되는 희망을 갖게 됩니다. 눈물에서 하늘나라를 보듯이 진정한 신앙의 신비는 우리가 눈물을 흘리고 있을 때 만날 수 있지 않을까 생각됩니다. 상처, 고뇌, 아픔 그리고 죽음 등을 통해서 넘어야 할 그 무엇인가를 볼 수 있을 것입니다.

아무튼, 저와 마찬가지로 여러분들이 말씀하신 단어들 하나하나 속에도 무수한 사연, 이야기, 그리고 체험 등이 섞여 있을 것이라고 생각합니다. 그 단어를 통해서 복잡하게 얽혀있는 삶을 풀어 가는데 단초를 얻으시길 바랍니다. 그 단어 속에 정녕 열쇠가 있을 것입니다. 난, 이 순례에 와서 '눈물'이란 단어를 담아 갑니다. 여러분들은 무엇을 담아가겠습니까?"

난, 이 순간 그동안 알게 모르게 나로 인해 눈물을 흘렸을 사람들, 그리고 여러 사건 사고들로 눈물을 흘리고 있는 사람들을 떠올리며 기도드렸다.

예수님께서 돌아가신 곳, 무덤 성당 2층 십자가의 길 제12처에서 묵상을 하고, 1층으로 내려와 구석 조용한 소성당에서 미사를 드린 후, 일행은 드디어 '예수님께서 무덤에 묻히심을 묵상하는' 제14처 무덤 성당 앞에 줄을 섰다. 실제론 예수님께서 못 박혀 돌아가신 곳은 이보다 40미터 더 높은 곳이었다 한다. 예루살렘을 완전히 정복한 로마제국은 어떻게든 유대인들이 모이는 빌미를 주지 않기 위해서 이 골고타 언덕 40미터를 메우고 그 자리에 쥬피터 신전을 세웠다.

이 신전은 훗날 서기 324년에 예루살렘에 성지순례 온 헬레나 성녀가 그 자리가 예수님의 무덤이었다는 얘길 듣고 신전을 헐고 예수님의 무덤을 발굴하고 무덤 성당을 세웠으니, 골고타 언덕을 지워버리기 위해서 세운 쥬피터 신전이 오히려 무덤 성당의 자리를 찾는데 절대적인 도움을 주는 이정표가 되었던 것이다. 여기에서 놀라운 반전을 발견하게 된다.

지금 성당은 같은 자리에 십자군 시대에 세워진 것이니 세워진 지 약 1000년이 지났다. 예수님께서 부활하셨기 때문에 무덤 성당은 동시에 부활 성당이다. 빈 무덤인 무덤 성당은 두 개의 방으로 되어있는데, 첫 번째 방은 장례 드리는 사람들이 쓰던 방이고, 안쪽 방은 예수님 시신이 안치되었던 곳이다.

우린 십자군 성당에서 미사를 드렸는데 이집트정교회 기도방, 동방정교회 성당, 마리마 막달레나 기념경당 등이 무덤 성당 주변에 위치해 있다.

순례자들은 오전 8시부터 참배할 수 있으며, 아르메니아 정교회가 무덤 성당을 지켰기 때문에 아르메니아 정교회 공동체가 제일 일찍 관리하고, 그 다음은 프란치스코회 공동체가, 그리고 마지막엔 동방정교회에서 관리한단다. 그리고 이 세 교회만 무덤 제대에서 미사 드릴 수 있다 한다. 이런 설명을 들으면서 같은 하느님, 같은 예수님을 믿는 기독교회의 분열상의 현주소를 접하는 것 같아 마음 한구석은 씁쓸했다.

네다섯 명씩 무덤 성당 제대 앞에 무릎 꿇고 엎드려 1분 정도 잠깐 참배하며 간단히 묵상하고 빠져나왔다.

'그래 맞아! 이곳이 바로 마리아 막달레나가 달려가 빈 무덤을 보았던 곳이야. 부활하신 예수님께서 "마리암(마리아야)!" 하니 마리아 막달레나가 "라뿌니(선생님)!"하고 아람어로 따듯한 대화를 나눴던 곳이야.'

나오면서 보니 예수님께서 잠시 갇혀계셨던 감옥은 공사 중이었고, 그림이 걸려있는 경당도 여럿 있었다. 그 중 '저 사람이야말로 하느님의 아들이었구나'하고 고백한 로마백인대장의 그림도 있었고, 나무십자가를 안고 있는 헬레나 성녀도 있었다. 그 십자가는 이곳 자연동굴에서 발굴한 것을 나타내고 있는 것이다. 이어서 지하로 내려가선 예수님께서 십자가 위에서 돌아가실 적에 지진이 나고 땅이 갈라져 생긴 틈도 볼 수 있었다. 그걸 보는 순간 내 입에서도 "참으로 이분이야말로 하느님의 아드님이셨구나!" 하는 소리가 튀어나왔다.

무덤성당 건물을 빠져나오는데 또다시 십자가의 길 제13처가 보인다. 여러 사람들이 그 앞에서 경배하고 있다. 개중에는 직접 보지는 못했지만, 예수님의 시신을 뉘였던 돌판에 향료를 바르는 사람들도 있다 한다.

순례를 마치고 나오니 9시 20분경이다. 우린 사자문(the Lion Gate)으로 향했다. 유다지파의 상징인 사자를 생각해서 붙여진 이름이다. 키드론 골짜기로 나가는 이 문 양쪽엔 각각 두 마리의 사자가 조각되어 있었다. 신약성서에선 이 문을 양의 문

(Sheep's Gate)이라 하는데 당시 유대인들이 제물로 양을 사서 이 문을 통과했었기 때문이다. 그리고 크리스천들은 이 문을 또 스테파노 문(St. Stephen's Gate)이라 한다. 이 문 근처에서 스테파노성인이 돌에 맞아 순교했었기 때문이다.

사자문을 본 후 성안나 성당(St. Anne's Church)에 들렀다. 이 성당은 예수님의 어머니 마리아께서 출생한 곳으로, 안나 성녀의 집터 위에 세워진 것이다. 성서는 벳사다 연못이 양의 문 옆에 위치해 있다고 기술한다. 우린 안나 성당에서 제대를 보고 앉아 성가 '자모신 마리아'를 조용히 합창하였다. 성당 내에서 우리들의 노랫소리 메아리가 아름답게 퍼져나갔다. 우리가 노래를 잘 불러서가 아니라 안나 성당의 내부구조가 잘 받쳐줘서 그런 것이다.

그런 다음 바로 그 옆 벳자다 연못(the Pool of Bethesda)으로 갔다. 내가 상상했던 것보다 이 연못은 크고 또 많이 깊었다. 빗물을 담는 연못은 남쪽 연못과 북쪽 연못으로 나뉘어져 있었고, 북쪽 연못이 좀 더 높기에 연못물은 북에서 남으로 유입되는데, 그 차단벽 2/3 높이에 남으로 흘러가게 구멍을 내서 부유물은 북쪽 연못에 가두게 되는 정수효과도 볼 수가 있다.

남쪽 연못에는 들어가는 계단을 설치해놓아 서서히 연못으로 잠입할 수 있어 목욕예식이나 질병으로부터의 치유목적에 적합하였다. 이렇게 정수된 물은 또한 제물로 사용되는 동물들을 깨끗하게 씻는데도 사용됐나고 한다. 늘이 무속함을 극복하기 위해서 유대인들은 예전부터 이렇게 물관리를 지혜롭게 해왔던 것 같다.

이곳에서 38년간이나 누워있었던 앉은뱅이 환자를 고쳐주신 예수님께선 율법을 어기고 안식일에도 쉬지 않고 일했다 해서 율법만 맹목적으로 중시하는 유대인들로부터 더욱 미움을 샀으며, 나중엔 결국 신성모독죄에 걸려 큰 곤욕을 치르게 되셨다. 여기선 내 귓전에 예수님께서 치유해 주신 병자에게 하신 말씀, "너는 건강하게 되었다. 다시는 죄를 짓지 말거라."가 깊게 다가오며 마음을 울렸다. 그리고 벳자가 연못을 보면서는 병으로 고통 받고 있는 이들과 가족들을 생각하며 기도드렸다.

10시 반 경에 벳자다 연못에서 나와 함께 십자가의 길(Via Dolorosa)을 돌면서 14처를 바쳤다. 가는 길은 대부분 상가들이 들어차 있는 좁은 골목길인데 곳곳이 막힌다. 관광객들, 순례객들이 뒤엉킨다.

십자가의 길을 따라 걸을 땐 예수님을 죽여 달라고 요구하며 외치는 군중들과, 갈고리가 달린 채찍질로 고통 받고 슬픔에 잠긴 예수님을 만나야 했었는데, 그렇게 하지 못했던 것 같다. 신앙심이 부족해서인지 빌라도, 로마군인들, 키리네사람 시몬, 성녀 베로니카, 마리아 막달레나, 그리고 그 밖의 예루살렘의 여인들은 보지 못하고 앵무새처럼 입으로만 기도를 바쳤다. 아니 때웠다.

마지막 10처에서 14처까진 오전에 미사도 드렸고, 이제 오래 기다려서 잠깐 참배도 하며, 묵상하고 기도했던 예수님 무덤 성당 건물 근처에 있다. 이곳은 오늘 두 번째로 방문하는 터라 비좁은 상가 골목에서완 다르게 십자가 길을 하면서 보다 차분한 자세로 기도드릴 수 있었다. 제13처 앞에선 함께 기도를 마친 후 돌아가신 예수님께서 십자가에서 내려져 잠시 누워계셨던 돌판을 손으로 어루만지며 슬픔에 젖기도 하였다. 이로써 오전 순례를 모두 마쳤고, 베들레헴으로 이동해 점심을 하고 오후 순례로 들어갔다.

점심 후 처음 방문한 곳은 목자들의 들판 성당(the Church of the Shepherd Field)이다. 1시 반이다. 성당 내 프레스코화가 아름답다. 지하 1층엔 목동들이 머물렀었던 동굴이 있었다. 근처엔 동굴들이 많은데, 그중 하나는 목동인 아모스 예언자가 살았던 동굴이라 한다.

그다음엔 베들레헴 예수님 탄생 성당(the Church of the Nativity)을 방문하였다. 이 성당은 헬레나 성녀가 처음 지었는데 지진으로 파괴되었고, 다시 531년에 유스티노 황제가 그 위에다 지은 것이었다. 성당 내 동방박사 경배 그림에 덧칠을 하여 페르시아인을 그려 넣었는데, 덕분에 회교도들이 이곳을 지배했을 때에도 파괴되지 않고 화를 면하고 남은 유일한 이스라엘 성당이라고 한다. 따라서 현재 사용되고 있는 성당들 가운데 세계에서 가장 오래되었다 한다. 회교도들이 지배할 땐 회교사원으로 사용되었고, 십자군이 되찾아 다시 성당으로 사용되고 있는데, 주성당은 현재 동방정교회에서 운영하고 있었다.

성당 입구 정문이 무척 좁아서 허리를 숙이시 않고는 입당할 수가 없었다. 십자군 시대에 성당으로 들어오려는 적군들을 방어하기 위한 방책으로 입구를 그와 같이 기이하게 만들었다. 고개를 숙여야 들어가기 수월함으로 예수님 탄생 성당의 문을 겸손의 문(the Door of Humility)이라 부른다.

한 시간 이상을 기다려서야 우리 일행은 성당 제대 바로 밑 지하 작은 동굴 구유제대 앞에 엎드려 절하고 침구하며 경배할 수 있었다. 아기예수님께서 태어나셨던 그곳, 구유가 있었던 자리엔 14개의 꼭짓점을 지닌 은으로 만든 별, 아기예수 탄생의 별이 박혀 있었다. 이 14개는 십자가의 길 14처, 아브라함에서 다윗 왕까지 14대, 다윗왕에서 바빌론 유배시대까지 14대, 그리고 바빌론 유배시대에서 예수님까지의 14대를 나타내는 것이라 한다.

잠시 뒤로 물러나 관련 루카복음을 읽고 묵상했고, 성가 '고요한 밤 거룩한 밤'을 조용히 합창하고 동굴을 빠져나왔다. 이 순간엔 주님탄생 소식을 전해 받은 목동들처럼 기뻤다. 그리고 앞으론 우릴 위해 인간으로 오셔서 우릴 위해 함께 사시다가 돌아가시고 부활하신 그분을 좀 더 기쁘게 찬미하기로 마음먹었다.

동방정교회 성당을 나와 바로 옆에 위치한 천주교회성당, 성녀 카타리나 성당(St. Catherine's Church)으로 이동하였다. 이 성당 지하엔 예로니모 성인의 경당이 있었다. 예로니모 성인은 이곳에 37년간 머물면서 성령의 도우심으로 히브리어 성경을 최초로 라틴어로 번역하였다 한다. 그런데 놀랍게도 그 번역은 오류 없이 완역에 가깝다 한다. 시신은 로마로 가져가 이곳엔 예로니모 성인의 빈 무덤만 있다고 한다. 성당 앞엔 예로니모 성인의 동상도 서 있었다.

당시 요셉에게 천사가 나타나 피신을 가라 해서 아기 예수님께선 화를 면하셨는데, 이를 기념한 성요셉 경당이 있었다. 그리고 당시 2살 이하의 아이들은 헤로데왕에게 모두 참화를 당하였다. 그래서 이들 무죄한 어린이들을 기리는 경당도 함께 있었다.

이곳에서 거행되는 성탄전야 미사는 매년 전 세계로 위성 중계되고 있다고 한다. 로마바티칸 성탄전야 미사는 시청한 기억이 있는데 베들레헴 성탄전야 미사는 아직 본 기억이 없다. 앞으론 유심히 볼 것이다. 그땐 이 성당이 전 세계에서 순례 온 교우들로 입추의 여지가 없을 것이지만, 오늘 2018년 11월 20일 성탄 한 달여 년 전에 내가 바로 예수님 탄생 기념성당에 순례하러 왔었다는 것이 새삼 기억이 날테니까 말이다.

베들레헴은 예루살렘에서 남쪽으로 8킬로미터 가량 떨어져 있는 팔레스타인 지역이다. 상대적으로 이스라엘에선 낙후지역이라서 분위긴 남루하게 느껴졌다. 대로에서 작은 길로 들어가는 길목엔 빨간색 표시판이 서 있다. 비아랍인들이 그곳으로 들어가면 위험하다는 경고 표시란다. 우린 지금 이런 곳에서 순례를 하고 있고 무사하니 감사드릴 일이다. 사실 순례 중에도 한국에 계신 지인들이 가자지구에서 폭탄이 터졌다고, 그리고 요르단 페트라에선 홍수가 났었다고 안부 걱정을 많이 한다는 얘기를 자주 들었다.

예루살렘 숙소로 돌아오는 길에 잠깐 통곡의 벽(the Wailing Wall)에 들렀다. 들어가는 입구에서부터 보안 검사가 철저하다. 과거 성전은 로마가 파괴시키고 높은 사원 벽 아랫부분 축대만이 예전에 쌓았던 것이라서 그 축대에 손을 얹고 유대인들이 기도를 하고 있었다. 또 어떤 유대인들은 그 앞에 아예 책상을 놓고 앉아서 유대성경을 읽고 있었다. 안식일엔 항상 엄청난 유대인 인파가 이곳으로 몰려든다고 한다. 나도 체험 삼아 그 사원 벽에 손을 가져다 대보았다.

사원 벽 위에 떠 있는 달이 제법 밝고 또렷하다. 이스라엘 순례를 와서 첫날밤 본 달은 띠가 얇은 초승달이었는데, 오늘 떠 있는 달은 반달과 보름달의 중간 크기의 상현달이다. 저렇게 달이 차오르는 지난 10여 일 동안 우리는 은총을 많이 받는 성지 순례를 알차게 다녔고, 드디어 오늘 무사히 마치게 되는 것이다. 주님께 감사드렸다. 죄 많은 우리 인간들을 사랑하시어 당신의 외 아드님 예수님을 보내주시고, 무한한 은총과 희망을 주심에 대하여, 이스라엘 저녁에 통곡의 벽 앞에서 유대인들에게 둘러싸여 상현달을 쳐다보면서.

**"예수님을 좀 더
가까이 느낀 여행,
이스라엘"**

제22장 이스라엘을 떠나며

'18. 11. 21. (수) 안개 낌

나도 저렇게 살까?

오늘은 순례를 마치고 이스라엘 땅을 떠나는 날이다. 돌이켜
보면 아쉬움도 남지만 알찬 순례 여정이었다. 신앙심과 성경 지
식 등이 부족하여 기대완 달리 성지를 순례하면서 2000년 전 예
수님 시대로 돌아가는데 번번이 실패하고 만 것이 가장 아쉬웠
던 점이었다.

그래도 가나를 방문해선 혼인갱신식을 했었고, 갈릴리에선
행복선언 성당에선 행복에 잠시 취해보기도 했었고, 또 수위권

성당에선 베드로처럼(?) 물에 발을 적셔보기도 하였고, 배를 타고 예수님의 행적을 떠올려 보기도 하였다. 요르단강에선 세례 갱신식도 가졌고, 성모님 탄생 성당, 세례자 요한 탄생성당, 그리고 예수님 탄생 성당도 가서 참배했고, 성모님 영면 성당, 세례자 요한 참수 터, 그리고 예수님 무덤 성당이자 부활 성당도 보았다.

이런 곳들을 돌아보며 묵상할 적에 당시의 광경이 보다 생생하게 다가옴도 느낄 수 있었다. 예리코에서 저 골짜기를 통해서 예수님께서 예루살렘에 입성하셨다는 얘기를 들을 땐 걸어가시는 예수님의 모습이 강렬하게 상상되었다. 그 예수님께서 베타니에 사는 친구 나자로와 마리아와 마르타의 집에 유하신 후, 나귀를 타고 벳파게를 거쳐 사자문으로 입성하심이 그려졌다. 그 후 최후의 만찬을 하시고 잡히셔서 사형 선고받으시고, 대사제 가이아파의 집, 현재 베드로 회개 성당 지하 임시감옥 저수조에 갇혀 계셨으며, 고통 속에서 14처의 길을 따라 골고타 언덕을 오르시고, 십자가에 못 박혀 돌아가셨는데, 그 자리에 예수님 무덤 성당이 있는 것이다.

이런 현장들을 방문하면서 그때그때 예수님의 모습을 떠올렸다. 예수님의 얼굴은 그냥 희미하게 떠오른다. 선하고 침착하고 따듯하고 의지를 보이는 그런 모습인데, 확실하진 않고 옛날 그 언젠가 보았던 예수님으로 분한 수많은 영화주인공 같기도 하다. 아니다. 예수님의 모습은 최근에 돌아가신 분들 중 내가 존경했던 김수환 추기경, 이태석 신부, 교황 요한바오로 2세, 그리고 마더 테레사 등 예수님처럼 살고자 노력했던 모든 이들의 얼굴에서 보다 뚜렷하게 발견되는 것이다.

그리고 매일 미사를 드리고 미사 중에 이헌준 베드로 신부님의 차분하고도 적절한 강론 말씀을 듣는 것은 매일 순례에 어떻게 임해야 하는지에 대해 의미 있는 지침이 되어서 참 좋았다. 난 기회가 된다면 신앙심과 성경 지식 등을 좀 더 무장하여 다시 한 번 주님의 발자취를 따르는 순례의 길을 떠나고 싶다.

7시 반에 3일간 묵었던 숙소를 출발하여 텔아비브 공항 쪽으로 갔다. 우리가 탄 버스 옆을 서서히 지나치는 한 시내버스 속을 들여다보니 검은 양복에 중절모를 쓰고 턱수염을 기른 젊은이가 버스 의자에 앉아서 두툼한 작은 책을 펴서 열심히 읽고 있었다. 유대인들의 성서인 듯하다. 대단하다.

유대인들의 20~30%는 경제활동은 하지 않고 전적으로 신앙생활만 한다고 하는데, 이 젊은이는 그런 부류에 속하는 모양이다. 어제 저녁 통곡의 벽 앞에서 본 사람들도 대부분은 열심을 다하는 유대교인들일 것이다.

나도 돌아가서 저렇게 주님께 몰입하고 살면 좋겠다는 생각이 들어 옆에 있는 아내에게 "나도 저렇게 살까?"하고 물으니 아낸 "그렇게 하슈!"하고 무심하게 대답한다. 못할 것이 뻔하니까 더 이상 얘기할 이유가 없다는 말투다. 그럼에도 불구하고 지금은 그럼 생각끼기 하는 길 보니, 순례도 그럭저럭 제대로 마치고 은총도 많이 받은 것 같다.

8시 15분경에 한 수도원 정문에 도착하였다. 이스라엘을 떠나기에 앞서 이곳 성당에서 마지막으로 평일 미사를 드리기 위해서이다. 우리가 찾아간 성당은 계약의 궤 수도회성당이다.

다윗왕은 피를 많이 묻혀서 하느님께선 다윗왕에게 성전의 건축을 허용하지 않으셨다. 대신 그의 아들 솔로몬왕때 성전을 짓고 계약의 궤를 모셨는데, 바로 이곳에 30년간 계약의 궤가 모셔져 있었다고 한다. 그런데 프랑스의 한 사제가 받은 유산을 처분해서 자금를 만들어 이곳 땅을 매입하여 수도원을 지었다 한다.

수도원 성당 뒷면엔 성모님께 안겨있는 아기예수님이 특이하게도 성체를 쳐들고 있는 석상이 높이 서 있다. 계약의 궤는 천주교에선 감실에 해당함으로 감실안에 모시는 빵 성체를 들고 있음으로써 이곳이 '계약의 궤' 성당임을 알려주고 있는 것이다. 성당 안은 화려하지 않고 단순 청아하다. 그래도 호텔에서 미사를 드리는 것엔 비할 바가 아니다.

성당 입구와 제대 앞엔 모자이크 바닥도 눈에 띤다. 성당 입구에 있는 모자이크 바닥은 5세기 때의 것이라는 표식이 있었다. 오늘은 복되신 동정마리아의 자헌기념일이다. 이 신부님은 강론에서 성모님을 본받아 자신의 삶을 내놓은 삶을 살기로 결심하자고 제안하셨다.

미사를 마치고 성당 뜰로 나가니 올리브 나무들 사이로 순례객들이 제법 눈에 많이 띈다. 순례객들은 조용히 침묵피정을 하며 산책하며 묵상하고 있다. 줄기가 엄청나게 굵은 것으로 보아 고령인 올리브 나무들도 미동도 하지 않은 채 조용히 침묵 속에서 각자의 자리를 지키며 서 있다. 마치 묵상을 하는 것 같다. 수도원 안에 있으면 나무들도 묵상하는 것이 습관화되는가 보다. 묵상하고 있는 올리브 나무들의 배웅을 받으며 우린 공항으로 출발하였다.

> **"예수님을 좀 더 가까이 느낀 여행, 이스라엘"**

제23장 서울로 들어오며

'18. 11. 22. (목) 마지막 날

예수님의 모습이 더 확실히 그려진다

텔아비브 공항에 나가 엄격한 수속을 다 마치고 나니, 긴장이 풀려서 그런지 기운이 쭉 빠진다. 우린 다시 모스크바까지 가서 비행기를 갈아타고 인천으로 들어갈 것이다. 난 공항에서도 첫날부터 기록했던 일지를 적고 있었다. 시간이 조금 지나니 기억이 희미해진다. 어쩔 수 없는 일이다. 그래서 난 순례기간 동안 잊지 않으려고 틈만 나면 적고 또 적고 정리하느라 분주했었다.

공항에 비치된 이스라엘 소개 소책자를 가지고 비행기에 탑승

하였다. 지루한 비행시간을 보내고 싶어서이다. 오면서 소책자를 읽어보니 이스라엘은 왜 강한가 하는 평소의 궁금증이 다소 풀린다. 여기서 내가 찾은 대답은 시온주의(Zionism)였다.

난 평소에도 우리나라를 하나로 묶을 수 있는, 우리 한민족을 대표하는 정신내지 주의(ism)가 있었으면 좋겠다고 생각하고 있었다. 그 대안의 하나로 선비정신을 생각했었지만, 뭔가 부족하다고 느꼈었다. 비행기 안에서 이스라엘의 시온주의를 생각하면서 난 가칭 우리나라의 '한주의(Hanism)'를 떠올리고 있었다.

시온주의의 '시온'이 유대인들의 성산 시온산에서 왔다면 한주의의 '한'은 한강의 기적을 떠올리며 한국민의 젖줄 한강에서 가져왔다.

시온주의와 마찬가지로 한주의란, 첫째 한반도에서 책임 있는 공정한 사회를 갈망하며, 둘째 한민족의 보호와 진취에 초점을 맞추고, 셋째 한국의 정체성과 유대감을 강화시키는 정신이라고 정의내리고 싶다. 이는 우리 한민족과 한반도에 사는 모든 소수민족들에겐 고유하고 근본적인 사상으로 자리매김하면 좋겠다.

여기엔 이스라엘이 디아스포라(Diaspora)와 긴밀한 연대를 맺어 자국의 이익을 보호 증진하듯이 우리도 원하건 원치 않던 전 세계로 퍼져나간 재외 한민족들과의 결속을 다지며, 이스라엘이 이스라엘 국경 안에서 살고 있는 아랍인들인 두르즈족이나 베두인족과도 우호관계를 지니며 보호하듯이, 우리도 한반도 내에서 빌고 있는 모든 소수민족과 다분화가정을 보호한다.

다소 순례와는 맞지 않는 엉뚱한 생각을 하고 있는데 잠시 곯아 떨어졌던 아내가 깨어난다. 우리의 대화는 자연히 이번 순례로 이어졌다. 거창하게 이름을 붙이자면 '기상 성지순례 묵상나누기'이다. 바로 순례를 끝마쳤기 때문에 우리의 나누기는 다소 투박하였지만 따근따근 하였다.

첫 번째로 순례 중 어느 곳에서 예수님을 가장 강렬히 느꼈는지에 대해서 러시아 상공위에서 진솔하게 대화를 나누었다. 우리 부부는 다 좋았지만 복잡했던 예루살렘보다는 조용한 갈릴리 호수에서 예수님을 더 잘 보고 느낄 수 있었다는 데 동의하였다.

이를테면 새벽 아침 식사 전에 갈릴리 호숫가로 나가 해 뜨는 호숫가 광경을 볼 때나, 행복선언 성당의 아름다운 정원에서 주님과의 대화를 더욱 더 잘 나눌 수가 있었다. 베드로 수위권 성당 뒤 갈릴리 호숫가에 가선 급히 신발을 벗고 호수에 들어가 발을 적힐 땐, 베드로가 부활하신 예수님이라고 자각한 순간 배에서 물속으로 뛰어드는 것처럼 행동하는 것이란 착각에 빠지기도 했었다.

이후에도 순례 중 은총을 많이 받아서 그런가, 아니면 일주일 전쯤 가나에서 다시 혼인갱신식을 치른 신혼갱신 부부라서 그런가? 우린 대화 중에 "그래 맞아! 당신도 그 순간 그렇게 느꼈단 말이야?" 하는 소리가 계속 터져 나왔다.

둘째 주님 눈물 성당에 들어가선 관련 성경 말씀, 닭 트기 전 세 번씩이나 배반하는 베드로의 이야기를 듣고, 또 성당 벽에 걸려 있는 '고개를 돌려 베드로를 바라보시는 예수님'을 보곤 예수님의 그 모습이 강렬하게 우리들의 머릿속에 각인됨을 느꼈다. 지금까지 우린 예수님께서 눈물을 흘리시게 하는데 많은 보탬을 주었다. 앞으론 더 예수님을 배반하지 않는 삶을 살았으면 좋겠다는 각오를 새롭게 다졌다.

셋째 우리 부부는 이번 순례 중에 가족과 지인들 생각도 많이 하였다. 특히 우리 애들, 손주들을 위해 어느 때보다 기도를 많이 드렸다. 이 점이 또한 우리 부부에겐 이번 성지순례의 의미를 깊게 만들었다는 데 동의하였다. 앞으로도 남은 여생을 자식들을 위해서 기도하며 보낼 수 있으면 좋겠다고 생각하였다.

넷째 집으로 돌아가면 성경 읽기를 습관화 하겠다고 다짐하였다. 이런 생각을 가지게 된 것도 성지순례가 가져다준 또 하나의 큰 결실이라고 생각한다.

부족한 성경지식으로 순례 중에 가본 곳을 제대로 이해하지 못하고 소화시키지 못함이 무척 아쉬웠다. 특히 사람들이 붐비고 오래 기다리곤 짧은 시간의 참배만 허용되는 성지 성당들에선 감성도 부족하고 태도도 다소 불량(?)하고, 또 성경 지식도 모자라다 보니, 묵상과 기도가 제대로 잘 안 되는 경우가 종종 있었다.

이 점을 반성하며 이제 천천히 성경을 읽고 묵상하면서, 그리고 순례 때 가본 성지들을 하나씩 떠올리고 회상도 하면서 아쉽고 안타까운 마음을 달래고 싶다. 내심 성경 읽는 것이 한결 재미있게 느껴지길 기대해 본다.

다섯째 우리 부부는 적기에 무사히 성지순례를 다녀왔다는데 동의하였다. 매 미사 때 지도 신부님이 해주시는 강론말씀으로 우리 부부는 매일매일 순례의 의미를 더 깊이 음미하며 묵상할 수 있었다. 이 점 신부님께 감사드린다.

그리고 수녀님 두 분이 함께 동행해주셔서 더욱 좋았다. 난 평소에도 우리 수녀님들이 한국천주교회의 발전에, 특히 좋은 이미지 전파에 크게 기여한다고 생각해왔다. 항상 수녀복을 입고 계신 수녀님 두 분과 순례길을 함께 걸으니, 내가 잠시 수도자가 된 것 같은 착각에 빠지는 것이 흠이라면 흠이었다.

게다가 이번에 참여하신 한분 한분이 어느 한 사람 빠짐없이 신심도 깊고 모나지 않은 온화한 성품을 지니고 있으셔서, 짧지 않은 기간 동안 최적의 분위기 속에서 순례할 수 있었음에 또한 감사드린다. 우리 부부는 만약에 이 팀들이 다시 헤쳐모여 순례를 간다면 어디라도 따라나설 것이다.

동서 형님과 처형 언니 덕분에 이번 성지순례에 참여하게 되었다. 두 분의 결정과 독려가 없었다면 이렇게 은총을 많이 받는 성지순례를 언젠가 가봐야지 하고 마음만 먹고 실천으로까지 옮기긴 힘들었을 것이다. 동서 형님 부부와 함께한 성지순례가 잊지 못할 아름다운 추억으로 남을 것이다.

마지막으로 성지순례의 참석을 허락해 주시고, 무사히 일정을 마치게 해주시고, 순례 중에도 은총을 많이 내려주신 우리 주님께 마음속 깊이 감사드린다. 예수님께 조금 더 가까이 다가가기 위한 목적이 성취되었다.

본 성지순례에서 우리 부부는 예수님께서 태어나 사셨고 돌아가시고 부활하신 수많은 현장 환경들을 접하고 보면서 인간으로서의 예수님을 더 가까이 느끼면서 알아갈 수 있게 되었다.

눈을 감으면 이전보다는 베들레헴 마굿간에서 태어나신, 요르단강에서 세례받으시는, 사원에서 유대교 사제들과 논쟁하시는, 물을 포도주로 바꾸시는, 갈릴리 호숫가에서 오천 명을 먹이시는, 갈릴리 언덕에서 행복을 가르치시는, 벳자다 연못에서 앉은뱅이를 치유해 주시는, 예리코에서 자캐오의 집을 방문하시는, 제자들의 배반에 눈물을 흘리시는, 무거운 십자가를 지고 골고타 언덕을 오르시는, 그리고 부활하신 후 무덤에 찾아간 마리아 막달레나와 아람어로 대화를 나누시는, 그리고 갈릴리 호숫가에서 불을 지피시고 식탁을 준비하시는 등의 예수님의 모습이 더 확실히 그려진다. 이것도 이번 성지순례에서 거둔 빼놓을 수 없는 수확이며 은총이라고 생각한다.

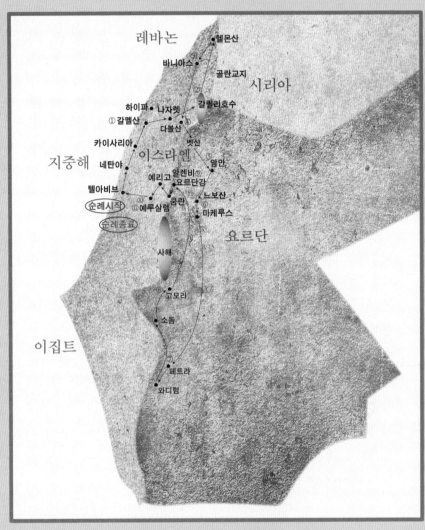

레바논
헬몬산
바니아스 ②
골란교지
시리아
하이파 나자렛 갈릴리호수 ②
① 갈멜산
다볼산 ④
카이사리아 벳산
이스라엘
지중해 네탄야 암만 ⑤
예리고 알렌비 ⑥
텔아비브 요르단강
느보산
순례시작 ⑪ 쿰란
⑩예루살렘 마케루스
순례종료
요르단
사해
고모라
소돔
이집트
페트라 ⑨
와디럼

▶ 이스라엘 성지순례 루트

제 Ⅲ 부
/

성인들과 함께
주님께로 나아가는 여행,
스페인

'19. 1. 1ㅁ. ~ 1. 1ㄱ.

" 성인들과 함께 주님께로
나아가는 여행, 스페인 "

제24장 스페인으로

"19. 1. 10. (목)

성인들의 발자취를 따라서

퇴임 후 1년 가까이 흘렀다. 요즘 내 삶이 전혀 무엇에 쫓기지 않고 천천히 굴러가서 참 좋다. 친구들은 심심하고 무료하지 않냐고 하는데 아직까진 이 생활이 그런대로 괜찮다. 두 달 전엔 퇴임한 덕분에 정말 가보고 싶었던 이스라엘 성지순례를 다녀왔다. 예수님께서 태어나시고, 세례받으시고, 활동하시고, 고통받으시고, 돌아가시고, 부활하셨던 현장을 가보고 참으로 감격적인 은총의 시간을 가졌다.

천주교에선 이스라엘과 이태리와 스페인을 대충 삼대 성지로 꼽는 모양이다. 개인적으로는 이 중에서 아직까지 스페인 성지만 다녀오지 못했는데, 지금 그 길을 나서는 것이다. 이번 순례 중엔 성모님의 발현지 루르드 성지도 포함되어 있으니 기대가 크다.

인천을 떠난 항공기가 뮌헨을 경유해서 바로셀로나로 들어가는데 우린 운 좋게도 11시간여가 걸리는 뮌헨까지는 업그레이드를 받아서 비지니스석을 배정받았다. 첫 단추가 잘 풀린 셈이다.

난 이런저런 이유로 지금까지 배포 받은 순례 자료도 제대로 읽지 못했다. 우린 이번에 이냐시오, 하비에르, 그리고 대테레사 등의 성인들의 발자취를 더듬어 볼 것이다. 해서 난 비행기 안에서 보려고 마틴 신부님의 저서, '성인들과의 나의 삶(My Life with the Saints)'을 챙겼다. 여기서 이냐시오 성인 편을 읽기 위해서이다.

성인은 점차 하느님의 길을 따르는 것에서 마음의 평화를 찾게 된다. 그는 또한 하느님께선 그 어느 것에서나 계심을 발견한다. 이냐시오의 영성은 이 모든 것 - 사람, 장소, 사건 등 - 에서 주님을 찾는 것인데, 그 구체적인 방법이 examen이라 칭하는 양심 성찰이다. 즉 하느님과 함께하길 요청하고, 은총의 순간을 기억하며, 하루를 되돌아보며 주님의 현존을 묵상하고, 잘못된 일을 반성하고, 용서를 청하며, 끝으로 다음 날은 더 가까이 당신을 따를 수 있는 은총을 내려주시도록 요청하는 것이다.

양심 성찰을 잘하려면 우린 이 모든 것에 대해 불편심(indifference)을 지녀야 한다. 즉 어떤 사람, 어떤 사물, 또는 어떤 상태에 너무 집착하고 있어서 하느님을 사랑하는 데 방해가 되어서는 안 된다는 것이다.

이러한 내용을 읽으면서 두 달 전 다녀왔던 이스라엘 성지순례를 돌이켜보니 새삼 많은 은총 속에서 지냈음을 알 수 있었다. 성지에 가선 어느 곳에서나 예수님의 현존하심과 과분한 은총을 느꼈고 또 기쁘고 감격스런 순간을 맞이할 수 있었기 때문이었다.

뮌헨에서 비행기를 갈아타고 바로셀로나에 도착하니 깜깜한 밤이다. 공항에서 현지 가이드를 만나서 비몽사몽 안내를 받고 숙소로 들어가 자정이 다 되어서야 잠자리에 들었다. 집을 나선 지 거의 꼬박 하루가 흘렀다. 내일부턴 순례 가는 곳곳에서 성모님과 성인과 성당과 자연과 미사와 신부님과 동료순례자들을 통해서 하느님을 만나기 위해 노력할 것이다.

> **"성인들과 함께 주님께로
> 나아가는 여행, 스페인"**

제25장 바르셀로나

"19. 1. 11. (금) 맑음

무슨 일을 올바로 하려면 첫째가 사랑,
그 다음이 기술이다

스페인 성지순례 첫날 우린 심 신부님 방에서 조식 전에 미사를 드리는 것으로 하루를 열었다. 신부님은 우리들에게 성지순례를 오면서 어떤 지향을 가지고 왔는지 물으셨다.

"루르드 성지에선 병을 낫는 경험을 하는 신자들이 많습니다. 오늘 복음에서 나병환자의 병을 치유해 주셨듯이 주님께서 하시고자 하시면 고쳐주십니다. 마음속으로 신체, 마음 그리고 관계 안에서의 상처와 병을 루르드에 가서 치유받기를 지향하고 준비하여 은총을 받도록 합시다."

이렇게 순례를 안내해 주시며 다음과 같이 강론하셨다.

"톱니산이란 의미의 몬세라트는 블랙 마돈나를 모시고 있는 아주 오래된 성모님 성지입니다. 이냐시오 성인도 회심 후 몬세라트에 순례를 왔었고, 기사의 검을 성모님께 봉헌하였습니다. 우리도 이번 순례를 통해서 성모님에 대한 신심을 되살려서 성모님께 위로와 도우심을 받는 기회가 되었으면 좋겠습니다."

호텔을 9시 10분 전에 출발하자마자 우린 아침기도로 일정을 시작하였다. 그리고 도심 거리로 이동해서 카사밀라를 보면서 우린 가우디와 첫 번째 대면을 하였다. 우선 건축물에 곡선이 들어가 있는 것이 눈에 띄었다. 충간 외부 기둥도 곡선으로 처리되어 있어 마치 산속의 나무 기둥들이 연상되었으며, 베란다 보호가드도 나뭇가지에 넝쿨이 얽혀 있는 형상이어서 자연 그대로의 느낌을 주었다. 건물 맨 위에 설치된 굴뚝은 마치 십자가를 조용히 앉혀놓은 것과 같았다.

그리고 우린 또 다른 가우디의 건축물 카사바트요를 보기 위해 겨울이지만 강한 아침 햇살이 내리쬐는 바로셀로나 도심 거리를 활보하였다. 아침에 미사도 드렸고 영성체도 모셨고 모처럼 태양의 나라 스페인 지중해 근처에서 햇살을 맞으며 걸으니 기분이 참 상쾌하다. 담배 냄새를 조금 맡아야 했는데, 이 정도 불편함은 얼마든지 참을 수 있다.

카사바트요를 보니 그 지붕이 제일 먼저 눈에 들어왔다. 여전히 지붕의 전체모습은 곡선으로 처리되어 있었고, 그 모습이 마치 물고기 비늘과도 같았다. 층간 외부 기둥도 곡선인데 베란다 보호 가드는 이번엔 마치 가면처럼 보였다. 그리고 이 건물에도 지붕 높이 십자가가 우뚝 서 있었다.

두 건물을 보면서 건축에 문외한인 나도 가우디 건축물엔 적어도 자연과 하느님이 들어가 있다는 것쯤은 알 수 있었다.

이어서 우린 걸어서 바르셀로나 대성당, 가우디가 생전에 자주 방문했었던, 지금은 유치원이 들어있는 조그마한 성당, 그리고 베들레헴 성모님 성당 등을 둘러보았다. 그리고 람브라스 거리를 걸으며 하몽, 과일, 그리고 야채 등을 판매하고 있는 전통시장을 구경하였다. 또 가우디 작품 가로등이 설치되어 있는 바르셀로나 광장도 잠시 들렀고 길가의 밀랍인형과 몇몇 그림과 전위적인 댄스도 구경하면서 천천히 걸어가니, 우뚝 서 있는 콜럼버스 동상도 나오고 바르셀로나성도 나타난다. 거기서 버스로 지중해 해변 마리나 바르셀로나로 이동하여 한 식당에서 빠에야로 점심을 들었다.

점심을 하고 나니 어젯밤 잠도 제대로 못 자고 또 오늘 오전엔 바르셀로나 도심을 바삐 돌아다녀서 그런지 몸이 소금절인 김장배추마냥 녹진해진다. 그래도 겨울에 지중해 해변 도시 바르셀로나에 있으니 마음만은 가볍다.

다시 가우디를 만나러 우린 구엘 공원으로 향했다. 구엘의 땅에 가우디가 택지로 조성한 이 공원은 공사는 중단된 채 미완성인 상태로 남아 있었는데, 가우디에 매료되어 찾아오는 이들이 많고, 지금은 유네스코 세계문화유산으로 등재되어 있단다.

가우디는 '인간은 창조하는 것이 아니며 신만이 창조하며, 단지 인간은 신이 창조한 것을 발견만 할 뿐이다.'라고 얘기했다 한다. 우리가 구엘 공원에서 첫 번째로 대면한 건축물은 흔히 있는 화강암 등 돌을 소재로 기둥을 쌓아 만든 통로였는데, 곡선이 보였고 자연을 그대로 이용한 흔적도 나타났다. 벌레와 나뭇잎도 보이는 등 건축물에 나름의 진실성이 담겨있었다.

이런 공원을 걸으니 자연 환기도 잘되고, 마음도 차분히 가라앉는 느낌이 들었다. 구엘 공원은 마음의 휴식공간으로서도 제격인 것 같았다.

조금 내려가니 드디어 사진으로 많이 보았던 색깔 있는 타일을 입힌 굴곡형의 무척 긴 의자가 나타난다. 의자는 마당 한 바퀴를 빙 돌아 설치되어 있는데, 그 뒤로 가우디의 건축물과 또 더 멀리 지중해도 보인다. 이곳이 바로 문화유산이란다. 계단으로 내려가니 계단 중간 작은 분수 뒤로 타일 입힌 긴 도마뱀이 나타난다. 결코 요란하지 않고 자연 그대로의 진실성, 거기다 덧붙이면 창조주에 대한 경외심, 이런 것들이 구엘 공원에서 내가 만난 가우디였다.

그 공원을 빠져나오는데 바르셀로나 도심 일부가 보인다. 그 속에 뾰족하게 우뚝 솟은 건물도 보인다. 우리가 오늘 마지막으로 방문하게 되는 성가정 대성당(the Basilica of the Sagrada Familia)이다. 성가정 대성당의 탑 높이가 약 180미터인데 바르셀로나의 모든 건축물은 이보다 높으면 안 된단다. 그래서도 구엘 공원에서 본 이 성당은 우뚝 솟아있었지만 정말로 우뚝 솟은 이유는 그것이 가우디의 작품이기 때문에 그렇고, 또 가우디가 열정과 재능과 세월을 모두 바쳐 하느님께 봉헌하고자 해서 그렇고, 또 생전에 못 마친 과업은 제자들에게까지 하라고 일러주었기 때문에 그렇다.

여기에 와서 보니 제 임기 중에 억지로 무엇인가를 끝마치려고 했던 사람들이 확연히 작게만 느껴졌다. 구엘 공원도 미완성인 채로 남아 있었는데, 성가정 대성당도 역시 공사가 진행 중이었다. 그런데도 이 미완성인 작품들이 세상의 걸작인 것이다. 이것이 바로 가우디가 얘기한 '인간은 그저 신이 창조하신 것을 발견만 할 뿐이다.'라는 것을 나타내주고 있었는지도 모른다. 이런 생각을 하는 사이에 성가정 대성당에 닿았다.

난 예전에 성가정 성당 얘기가 나오면 100년 이상 건축되고 있는 성당이 그 크기만 컸지, 조화롭지도 못하고 마치 누더기로 기워놓은 것 같지나 않을까 의구심을 가지고 있었다. 헌데 오늘 여기 오기 전에 카사밀라와 카사바트요와 구엘 공원에서 미리 가우디를 만나 친교를 나누면서 신뢰감이 쌓이고, 가우디를 좋아하게 되어서 그랬는지, 지척에서 성가정 대성당을 보곤, 난 내 의구심이 얼마나 쓸데없었던 것인지를 한눈에 알 수 있었다. 크기의 웅대함만 있는 것이 아니라 아름다움도 있었고, 또 여느 유럽 성당들에서 보지 못했던 성가정 대성당만의 고유함도 있었다.

대성당 입구의 벽은 예수님 탄생의 기쁨을 아름답게 표현해주고 있었다. 이보다 아름답고 큰 보석이 있을까! 세 개의 주랑현관은 각각 성모님과 요셉 성인 그리고 예수님께 봉헌된 것이다. 이는 각각 믿음과 희망과 자선을 나타낸다고 한다. 그래서 이 성당이 성가정 대성당이다.

그리고 입구 벽 위엔 주님 탄생과 그 좌우에 각각 동방박사의 경배와 목동들의 경배가 조각으로 아름답게 그려져 있었고, 그 옆엔 이집트에로의 피신과 성모님의 엘리사벳 방문 등이 조각물로 묘사되어 있었다. 그 위론 잉태하실 것임을 듣는 성모님과 그 좌우에 각각 결혼하는 성모님과 요셉, 그리고 사원에서 가르치시는 예수님이 조각되어 있었다. 그리고 그 위에는 왕관 쓰시는 성모님이 보였고, 맨 위엔 생명나무 사이프러스가 표현되어 있었다. 성당 정문에도 나뭇잎이며 그 사이 도마뱀이며 자연이 그대로 표현되어 있었다.

그 문안으로 들어서니 수많은 긴 기둥으로 건물을 떠받치고 있는 높은 성당 공간이 나타나는데, 반대편 성당 벽 사이론 햇살이 아름답게 성당 내부를 비춰주고 있었고, 천장 곳곳이 은은하고 조화롭고 아름다워서 예술품 그 자체였다.

스테인드글라스 한 창문에 쓰여 있는 성인 김안드레아(A. Kim) 글씨를 보고 무척 반가웠다. 미국에 사는 손주의 이름이 Andrew Kim이라 사진을 찍어 카톡으로 보내주었다. 모자이크로 수놓지 않았는데도 어떻게 천정이 저토록 아름다울 수 있는가! 잠시 감탄과 놀라움을 멈추고 제대 쪽을 향해 의자에 앉았다. 자연스럽게 주님을 찬미하고 싶어졌다. 이것이 성가정 대성당이었다.

감사의 기도를 드렸다. 우선 저를 이곳까지 올 수 있게 허락해 주신 우리 주 예수 그리스도께. 그리고 요셉 성인과 성모 마리아를 본받아 성가정을 꾸밀 수 있게 요청하는 기도를 드렸다.

입당한 반대쪽에 있는 문으로 나가니 그곳 성당 외벽엔 예수님께서 고통받으시는 모습을 묘사한 조각물들이 전시되어 있었다. 입당한 쪽의 것보단 최근에 제작된 것이었다. 성가정 대성당은 성당 외벽 자체가 성물조각품 상설 전시장인 셈이다. 보통 성당 내 회당이나 안쪽 벽과 천정에 성화를 통해서 성경이야기를 묘사하는데, 여긴 높은 외벽에 조각물로 표현된 성경 이야기가 담겨져 있는 것이다. 배반하는 유다, 부인하는 베드로, 얼굴을 닦아드리는 베로니카, 그리고 못 박히신 현장의 마리아 막달레나 등을 보고 난 후, 시간이 있어 아내와 난 다시 묵상을 하러 성당으로 들어갔다. 그 사이 관람객이 많이 늘었다. 제대를 보고 앉아 조용히 기도를 드렸다. 우린 성가정 대성당에 앉아 기도를 드리고 있음에 기쁨이 넘쳤다.

성가정 대성당에 들어와 처음엔 그 위용과 조화와 아름다움에 크게 놀랐다. 그리고 하느님을 찬미 찬양하는 정성과 열정을 보면서 가우디의 숭고한 정신을 떠올려보니, 이 집이야말로 진정한 성전이라는 점을 느낄 수 있었다. 천재적인 예술가 이전에 주님을 사랑하고자 하는 철두철미한 신앙인의 정신이 어마어마하게 큰, 이 성가정 대성당 구석구석에 깃들어있는 참 성전인 것이다. 가우디는 아마도 이 프로젝트를 수행했던 43년 동안 주님께 온전히 의탁하며 주님을 향한 사랑을 지니고, 성령의 인도를 받아서 겸허하게 한 걸음씩 작업하며 나아갔을 것이다.

난 지금 이런 성전에서 편안하게 기도드리고 있다. 주님께 감사드리며 주님을 찬미하며, 그리고 주님께 나아가는 삶을 살고 주님께 찬미와 영광을 드리는 삶을 살도록 이끌어 주시기를 빌며… 오늘 난 행복하다. 주님을 찬미드림에 있어 아름답고 장엄하고, 정성 가득한 성가정 대성당에서 아내와 함께 주님의 은총을, 주님의 기운을 온몸으로 마음 가득히 느끼고 있음에!

**" 성인들과 함께 주님께로
나아가는 여행, 스페인 "**

제26장 몬세라트

"19. 1. 12. (토) 맑음

"그분은 커지셔야 하고, 나는 작아져야 한다."

오늘 일정은 6시 반에 미사 드리는 것으로 시작되었다. 신부님은 미사 중에 다음과 같이 강론하셨다.

"어제 순례는 가우디를 중심으로 하는 문화 일정이었습니다. 성당에선 보통 선과 악에 대한 문제를 극명하게 보여줍니다. 헌데 가우디 성당엔 지렁이, 뱀, 공룡 등이 한데 어우러져 있습니다. 성당의 뾰족한 모습은 하느님을 향한 숭고한 마음의 표시라할 수 있습니다. 가우디 성당은 유난히 더 높습니다. 다양한 기둥은 각각 네 복음과 십이사도 꼭지로 다양한 삶의 모습을 보여줍니다. 삼라만상이 다 어우러져 조화롭게 일치해서 하느님께 올라가는 그 모습은 여느 성당에선 보통 선한 영적 존재만 하느님께 올라가는 데 여느 성당과 그 해석이 전혀 다릅니다.

오늘 복음 말씀에선 세례자 요한과 예수님의 관계를 사람들이 오해하는데 세례자 요한이 바로 잡아줍니다. '나는 점점 작아져야 하고, 그분은 점점 커지셔야 합니다.'라고 말합니다. 즉 자신의 역할은 주님이신 예수님을 더 드러나게 하는 것임을 분명히 합니다. 우리도 마찬가지입니다. 이스라엘 성지순례가 예수님의 삶 속으로 가는 순례라면, 이냐시오, 하비에르, 그리고 아빌라의 성녀 데레사 등의 삶을 들여다보는 이곳 순례는 그분들을 통하여 그분들이 섬기며 사랑했던 예수님께로 나아가는 것입니다. 이분들이 주님께로 우릴 이끌어 준다는 믿음을 갖고 하느님과 조화로운 일치를 위해 나아갑시다."

8시 15분경에 바르셀로나 숙소를 출발하여 30분 정도 달려 몬세라트 산악열차(Cremallera de Montserrat) 출발역에 도착했다. 톱니산 명칭에 걸맞게 하늘을 맞닿고 들어내 보인 정상의 스카이라인이 마치 톱니와도 같은 커다란 돌산으로 저 멀리에 길고도 높게 병풍을 치고 있었다. 아름답고 신비스런 자태가 장관이다.

9세기에 이베리아 반도 북쪽에선 기적이 나타났는데 여기 몬세라트산에선 목동들이 이상한 별빛에 이끌려 가보니, 모레나타 (블랙) 마돈나(Morenata Virgen)를 발견하게 되었고, 갈리시아 지역 산티아고에선 역시 또 다른 목동들에 의해 대야고보의 유해가 발견되었던 것이다. 특히 몬세라트는 상상력을 자극시켜주고 영감을 주는 곳으로 유명한데, 그래서 안토니 가우디는 물론 레오나르도 다빈치도 잠시 피난 와서 이곳에 머물렀다고 한다. 뿐만아니라 많은 작가들의 작품무대이기도 하단다. 현재는 순례객들뿐만 아니라 일반 관광객들도 즐겨 찾는 명소가 되었다.

우린 8시 45분경에 첫 열차를 타고 산에 올랐다. 정상까진 약 1200미터인데 열차가 닿은 곳은 베네딕토 수도원이 자리 잡고 있는 커다란 바위산 바로 아랜였다. 거기서 정상에 오르려면 열차를 갈아타고 바위틈을 따라 설치된 레일을 타야 하는데, 그 레일은 경사가 무척 가팔라서 멀리서 쳐다만 보아도 현기증이 날 지경이었다.

역에서 내려 다시 계단을 올라가니 넓은 광장이 나오는데 톱니 바위산이 지척에서 보이고, 그 산 아랜 장엄한 수도원 건물들이 길게 펼쳐져 있었다. 그리고 반대편 절벽 아랜 몬세라트산 아래로 낮은 산들과 강과 광야가 펼쳐져 있는데, 그 끝자락엔 바르셀로나 근처 지중해 바다도 수평선을 띠며 아주 조그마하게 보였다.

아침 햇살을 받아 훤히 얼굴을 드러내 보이는 돌산과 이에 어우러져 조화를 이룬 불그스름한 벽돌색 수도원 건물의 모습이 첫눈에 반할 정도로 아름답고 평화스럽고 안정감을 준다.

산과 절벽 사이 광장 앞에 보이는 커다란 건물 아래에 뚫린 아치로 들어가니, 드디어 검은 성모님을 모신 성당이 나타난다.

성당 앞도 사방이 성당과 수도원 건물로 막힌 조그마한 광장이다. 한 건물 복도 벽엔 이냐시오 성인의 초상화도 보인다.

성인은 회심 후 하느님을 위해서 무엇을 할 것인가를 계획하기 위해 성지순례를 떠나기로 하고 여기 몬세라트 수도원에 왔었다. 그는 이곳에서 사제에게 그간의 죄를 모두 고백하는 총고백성사를 보았고, 고해사제를 통해서 자신이 소지했었던 검을 성모님제단에 바쳤으며, 대신 순례자의 지팡이를 들었고 순례자의 의복으로 갈아입었다.

우린 성당으로 들어가서 오른쪽 통로로 걸어 들어가며 몇 분의 성인들을 만났고, 그다음에 또 양편 벽에 수많은 성인들의 초상화들이 보이는 계단을 올라 또 방향을 바꿔 성당 중앙 쪽으로 좁은 층계를 오르니 검은 성모님의 옆모습이 보인다. 가이드의 안내에 따라 미리 청원 기도를 마음속으로 하고, 성모님 면전에선 성모님이 오른손에 들고 계신 조그마한 공을 잡고 경배를 하고 옆 층계로 내려왔다.

성모님 바로 뒤편에 경당이 있었다. 경당에 들어가 앉아서 성모님 뒷모습을 보면서 경배 시 못다 한 기도를 묵상하며 바쳤다. 주님께 감사드리며 성가정의 지향을 두고 가족들을 위해서 기도하였다. 이른 아침이라 그런지 순례객들이 붐비지 않아서 모처럼 우린 성지에서 조용하고 편안한 분위기에서 넉넉한 마음을 가지고 기도드릴 수 있음에 감사드렸다. 보다 차분한 마음으로 성모님께 의탁하며 기도드렸다.

다시 성당 옆으로 나오면서 방금 기도했던 지향을 담아 애들을 위해서 촛불봉헌도 한 후 그곳을 빠져나오니 다시 성당 앞이었다. 이제 우린 성당을 보기 위해 또다시 성당으로 들어가 제대를 향해 앉아서 잠시 기도를 드렸다.

성당 안의 분위기는 명동성당과 비슷하지만, 천정은 더 높았고 기둥도 없어서 더 넓게 보였다. 성당 왼편 위엔 파이프 오르간도 보였다.

자녀들을 위해서 기도를 하고 나오니 정말 기분이 좋았다. 이 순간만은 애비로서 자식들에 대한 역할을 제대로 하는 것 같아서 조금은 보상받는 느낌이 들어서일까, 아니면 우리 주님께서 기도를 들어주고 계심을 믿어서일까, 아니면 성지순례를 하는 것 자체가 은총을 많이 받는 것이라서 그럴까 기쁘고 행복한 기분을 만끽하였다. 아무래도 좋다. 우리들에게 '두드리고 구하고 청하라' 하신 주님께서 이제껏 보살펴주셨듯이 잘 보살펴주시리라 굳게 믿는다. 이쯤 되면 내 신앙이란 것이 거의 때 쓰는 수준이 아닌가도 싶었다.

우린 다시 성당을 빠져나와 수도원 주변을 산책하며 전망대 쪽으로 내려갔다. 전반적인 분위기가 2년 전 이태리 성지순례에서 가본 로마 외각 수비아코의 조용한 산에 있는 수도원과 유사하였다. 그리고 보니 그곳 동굴에서 베네딕토 성인을 만났던 수비아코 수도원이 바로 베네딕토 수도원 본원이었다. 심 신부님이 귀띔해주셔서 기억이 났다. 여긴 베네딕도 수도원 분원이었다.

제3부 성인들과 함께 주님께로 나아가는 여행, 스페인

아침 날씨는 제법 쌀쌀한 데 상쾌하고 기분이 참 좋았다. 예수님께서도 가끔씩 산에 오르셔서 조용히 기도드리곤 하셨다는데, 톱니산 몬세라트는 이곳 수사신부님이 기도하며 수행하기 참 좋은 성지인 것 같았다.

산책을 마치고 우린 11시부터 거행되는 수도원 미사에 조금이라도 참례하기 위해서 아니 관람하기 위해서 다시 입당하였다. 이 성당 입당이 세 번째이다. 이번 순례에선 비교적 충분한 시간을 갖고 한 성당을 들락거리니 참 좋다.

피정이 따로 없다. 이것이 주님께 다가가려고 하는, 비록 서툴지만, 우리들의 날갯짓인 것을! 우리 주님은 그것을 다 알고 계신다. 가련히 여기시며 들어주신다. 주님 곁에서 계신 우리들의 어머니, 영원한 도움의 성모님, 은총의 중재자 성모님, 그리고 이곳 몬세라트의 모레나타 마돈나의 도우심과 후원하심으로 인하여!

열 분 남짓의 수사 사제들이 음률로 미사를 드리는 모습이 참 정성스럽고 은혜스럽다. 눈과 마음이 행복해진다. 사치스럽게 기대했던 에스콜라리아 합창단을 이 미사에선 만나지 못했다.

이 수도회에선 15세기부터 이 지역 고아나 가난한 아이들에게 마음의 평화를 주기 위해 합창단을 만들어 수사 사제들이 노래를 가르쳐왔다 한다. 현재는 9세에서 15세까지의 음악 재능 아동들이 지원하여 천상의 위대함을 들려주는 것으로 그 명성이 높다 한다.

우린 강론 부분까지 참례하고, 기차를 타기 위해 아쉽게도 성당 문을 나섰다. 사제들의 미사 집전은 이곳 카탈루냐 지방 언어인 카탈란(Catalan)을 사용하였기에, 스페인 언어에 능통한 현지 가이드 소피아도 요한과 예수님이란 단어만 알아들었고, 그 내용은 전혀 이해할 수 없었다고 했다. 이 소리를 듣고 난 능청스럽게 나도 카탈란은 모르지만, 성령의 도우심으로 알아들었다고 말했고, 신부님 강론말씀은 세례자 요한이 예수님을 위해 길을 닦아놓았듯이 우리들도 예수님이 활동하실 수 있게 예수님의 도구가 되어야 한다는 요지라고 설명해주었다. 순진하고 착한 가이드가 두 눈을 크게 뜨고 감탄했다.

가톨릭은 전 세계적으로 똑같은 독서와 복음을 읽고 하느님 말씀을 묵상한다. 우린 오늘 새벽에 카탈란이 아닌 코리안으로 독서와 복음을 읽었고 신부님 강론말씀도 들었다. 내가 몬세라트 성당에서 카탈란으로 진행된 미사를 이해했다고 말할 수 있는 것도 이런 가톨릭 전례 때문이었다. 이것도 늘 우리를 보살펴주시는 성령의 도우심이고 은총이었다고 떼쓰고 싶었다. 난 순진한 우리 가이드를 끝까지 속일 수만 없어서 이내 이실직고하였다. 그리고 가이드와 난 한바탕 웃고 또 웃었다. 성령의 도우심으로!

이윽고 산악열차 트램을 타고 몬세라트산을 내려오는데, 저 멀리에 정상에 흰 눈이 쌓인 산들이 보인다. 그곳이 피레네 산맥이고 그 속에 우리가 갈 안도라 공화국이 숨어 있단다. 이곳에서 약 150킬로미터나 떨어져 있다는데 믿기지 않게 피레네 산맥의 산들이 마치 지척에 있는 것처럼 보인다. 갑자기 내 시력이 좋아졌나? 아니다. 그만큼 이곳 하늘은 맑고 공기가 청정해서 햇살도 부시고, 시야도 시력도 좋아지는 것이다. 한국의 골칫거리 미세먼지가 걱정된다. 내 머릿속엔 현재 우리 조국의, 아니 우리나라의 골칫거리가 두 개 있다. 정치와 미세먼지다.

내려와서 조금 이동하여 몬세라트 동네 한 식당에서 수프와 연어구이에 와인과 오렌지 사과 등 과일과 함께 이 동네에서 나는 풀잎 술로 점심을 하였다. 전형적인 농촌 시골 냄새가 물씬 풍겨 나온다. 식당 옆엔 톱이며 가래며 농기구들이 투박하게 걸려있다. 정감을 느끼게 해주는 인테리어 소도구 장식품이다. 식당을 나가는 홀 카운터 앞 천정엔 하몽 돼지 뒷다리들이 주렁주렁 매달려 있다. 주인이 미소를 지으며, 카탈란이 아닌 진짜 코리안으로 찾아와 주서서 "감사합니다."하고 인사를 건넨다.

1시 반에 몬세라트를 출발하여 4시경에 안도라 숙소에 들어와 짐을 풀었다. 국경을 통과하는 것도 수월했다. 산자락에 들어찬 집들이 참 아름답다. 이곳 인구는 약 8만 명인데 주로 카탈루냐인과 프랑스인이고, 소수의 포르투갈인도 섞여 있다 한다.

저녁은 8시에 예약되어 있어 우린 안도라 중심가를 걸으면서 모처럼 망중한을 즐겼다. 양편에 상가가 즐비한 기다란 안도라의 '명동거리'를 온통 백인들로 구성된 인파 속 틈에 끼여서 걸었다. 피레네 산속에 있는 관광과 소비의 마을임을 알 수 있었다. 거리에서 군밤도 사 먹고 달리의 일그러진 시계조각품을 보고 사진도 찍었다.

잠시 카페에 들러 취향대로 맥주와 커피와 차를 마셨는데 그 가격이 너무 싸서 놀랐다. 우린 한국에서 특히 커피를 마실 적엔 거품을 마시는 것이다. 가격 속에 포함되어 있는 그 거품 말이다. 유통의 부조리함으로 인한 거품, 건물임대의 비상식적임으로 인한 거품, 그리고 소비자들의 무의식적인 매너리즘에 젖어든 거품 등 말이다.

오늘 몬세라트와 안도라에서 걸은 거리가 지금까지 12,000보였다고 콘스탄티노 아우가 일러준다. 호텔로 들어와 늦은 저녁을 한 후, 난 잠자리에 눕자마자 이내 곯아떨어졌다. 아직도 시차적응 중이었다.

제27장 루르드

"19. 1. 13. (일) 흐림

**"하느님! 감사드립니다.
왜냐하면, 이 지상에 나보다 더 무지하고 어리석은 아이가 있었다면
그 아이를 선택하셨을 테니까요."**

어젯밤 늦은 저녁을 하고 아낸 옆방으로 마실을 나갔다. 난 너무 고단해서 그만 방에 들어와 곯아떨어졌다. 내가 못 일어나는 바람에 아낸 자정 전에야 겨우 입실했다.

새벽 3시에 잠에서 깨어나 어제의 순례기를 썼다. 중요한 일을 잊지 않으려고 두서없이 메모를 정리하는 수준이었다. 아무튼, 새벽에 순례기 쓰는 일이 순례 중 일상이 되어갔다. 아침에 일어난 아내는 내 얼굴이 검게 탔다고 얘기한다. 그간 순례에 와서 바르셀로나, 그리고 몬세라트에서 스페인의 강한 햇살에

노출되어 그런 모양이다. 아니면 새벽에 3시간 동안 작업을 하다 보니 얼굴에 홍조가 띠는 것인지도 모르겠다. 몬세라트에서 검은 성모님을 만나 성모님을 닮아가서 그렇다면 참 좋겠다.

오늘 일정은 피레네 산맥에서 시작되었다. 8시 15분경에 안도라 숙소를 출발하여 조금 올라가니 산이 눈으로 덮여있는 스키 리조트가 나타난다. 조금 더 오르니 곧 긴 터널이 나오고 이를 통과하니 내리막길이다. 여긴 온통 설국이다. 잠시 검문소 하나를 통과하니 프랑스란다. 이스라엘 성지순례에 가선 이스라엘에서 요르단으로, 그리고 다시 요르단에서 이스라엘로 넘어갈 때 긴장 속에서 2시간여를 소요했던 것에 비하면, 여기 EU국가들에선 국경을 넘는데 참 싱겁기 그지없다.

버스는 계속 산에서 내려오는 시냇물을 친구삼아 시냇가를 따라서 난 길을 한참 내려오니 눈도 다 사라지고 그냥 평지가 나온다. 11시경에 버스가 선 곳은 프랑스의 한 시골마을이다.

유럽에선 안전을 위해 일정 시간이 지나면 버스 기사는 30분간 휴식을 취해야 한단다. 이 틈에 우린 근처 다리를 건너 오래된 성당 주위를 산책하였다. 성당문은 잠겨 있었다. 대신 작은 구멍가게에 들러 커다란 파이 하나를 사서 나눠 먹었다. 이 파이는 동방박사 빵이란다. 2주 전 주일이 공현주일이었는데, 이곳 유럽 가톨릭 국가에선 공현주일엔 큰 축제도 열리고, 이런 빵을 나눠 먹는다고 한다. 이 빵 속엔 조그마한 동방박사 인형과 콩이 들어있는데, 인형을 차지하면 행운이 따라온다고 하고,

콩을 차지하면 다음번엔 그 빵을 사야 하는 풍습이 있다 한다.

이렇게 휴식을 마치고 구릉지도 넘고 들판도 가로지르며 구불구불하고 좁은 시골길을 계속 달리는데, 작은 마을을 지날 때면 어김없이 성당이 나타난다. 한참을 달려 툴루즈(Toulouse)를 지나서 고속도로로 접어들었다. 1시다. 여기부터 타르브/루르드(Tarbes/Lourdes) 이정표가 나타나기 시작한다. 멀리엔 눈 덮인 산맥이 보인다.

거의 2시가 다 되어서 루르드 숙소에 짐을 풀고 호텔에서 양고기구이로 점심을 한 후, 2시 40분에 루르드 성지를 안내할 마리로사 수녀님을 만났다. 대구의 예수성심 수녀회 소속인 수녀님은 우리나라 순례객들을 안내해 주기 위해 이곳에 파견을 나왔다 한다.

우린 수녀님의 안내에 따라 루르드 성지순례를 하였다. 차례로 성녀 벨라뎃따에게 발현하신 바위, '물의 예식' 방, 성녀 벨라뎃따의 일생 소개방, 그리고 성지 밖 루드르성 근처에 있는 성녀가 태어난 방앗간과 생활했던 감옥, 그리고 다시 성지로 들어와 광장지하의 교황 비오 10세 성당, 로사리오 성당, 무염시태 마리아 대성당, 그리고 무염시태 마리아 지하(cript)성당을 방문하여 설명을 들으며, 기도와 묵상을 하였고, Cript에서 주일미사를 드리는 것으로 감격스러운 일정을 마쳤다.

성녀는 루르드성 밖 방앗간(The Boly Mill)에서 1844년 1월 7일에 9남매의 첫 번째 딸로 태어났다. 10살 때 흉년으로 방앗간 문을 닫고, 어머니는 남의 집 식모로 가고 아버지는 일용직 노동자로 전락한다. 가난하였지만 화목하고 선하며 묵주기도를 열심히 하는 신심 깊은 가정이었다.

이사를 여덟 번 다닌 끝에 성녀가 12살이었던 1856년에 감옥(The Cachot)으로 사용했던 5평짜리 빈 감옥 방에서 살게 된다. 성녀는 또래 아이들이 하는 첫영성체 준비도 못 하고, 먼 길을 돈 벌러 다녔다. 14살이 되어서야 11살 친구들과 첫 영성체교리를 받았는데, 성녀는 방언만 알고 프랑스어를 몰라서 알아듣는 데 어려움이 따랐다.

1858년 2월 11일 성녀는 동생과 동생 친구와 함께 땔감을 구하러 갔다가 개울물을 건너는데, 질풍 같은 바람 소리를 듣고 또 들어서 두리번거리는데, 동굴 바위 위에 빛과 함께 발 위에 노란 장미가 있는 인간 형상을 보게 되었다. 성녀는 나중에 그 광경을 "그것이 먼저 성호를 그었더니 움직이지 않았던 자기 팔이 움직여져 따라 했다."고 증언했고 "그런 감동과 아름다움을 느껴보지 못했었다."고 증언했다. 성모님이 빙그레 웃으셨는데 오직 성녀만 볼 수 있었다. 이것이 첫 번째 발현(The first Apparition)이었다. 엄마는 커서도 140센티미터 밖에 안 되는 병약한 성녀의 뺨을 때리고는 헛것을 본 것이니 다시는 그곳을 가지 말라고 꾸짖었다. 그러나 친구들과 계속 갔는데 그 후로도 성녀에게만 발현하셨다.

소문이 퍼져 급기야 경찰은 발현 얘기를 퍼트리는 성녀를 혼내기 위해서 성녀를 소환하였다. 증언하는데 자코매 서장이 의도적으로 발언 내용을 고치려고 유도하면, 성녀는 그런 말은 안 했다고 여지없이 일관되게 증언하였다. 밀러 부인이 성녀의 말을 믿어서 축성된 초를 가지고 가서 다음번에 만나면 이름을 물어오라고 성녀에게 말하였다. 성녀는 "'당신 이름을 적어주세요.' 하니 그 귀부인이 '당신은 15일간 계속 와주십시오.'라고 말했다"고 증언하였다. 아름답고 고귀한 분이 보잘것없고 미천한 성녀에게 당신이라고 존중해줘서 감동하였다 한다.

그 동굴 앞에 모여든 군중 앞에서 성녀는 이상한 행동을 보였다. 무릎을 꿇고 땅에 엎드려 기었고 풀을 뜯어 먹었다. 성녀의 얼굴은 젖은 흙으로 뒤집어썼고 그 진흙탕 물을 마셨다. 왜 그런 이상한 행동을 하였느냐고 물으니 성녀는 그분께서 샘에 가서 물을 마시고 씻으라 하셔서 그렇게 하였다고 증언하였다. 그리고 풀을 뜯어 먹은 것은 죄인들을 위한 보석의 행위였다고 말하였다. 물이 없어서 땅을 파헤치니 물이 나온 것이다. 나중엔 맑은 물이 나왔다. 그 물에 마차사고로 팔을 다친 한 부인의 팔을 적시니 깨끗이 나았다. 이것이 성모님 아홉 번째 발현이었다.

성녀는 귀부인이 "'사제에게 가서 이곳에 성당을 짓고 사람들이 이곳에 순례를 오게 하라.'는 말을 전해주어라." 하는 말을 듣고 그렇게 하였다. 사제는 성녀에게 "너의 말을 믿지 못하겠구나! 넌 그녀의 이름도 알지 못하지 않느냐. 다음엔 이름을 알아 가지고 오거라. 그리고 철이 아니지만, 장미꽃을 피워달라고

해서 장미꽃이 피면 너의 말을 믿어주마."하였다.

　3월 25일 마침 예수님 탄생 예고 대축일날 성녀는 발현한 귀부인께 "당신 이름을 알려주세요." 하니 그 귀부인은 성녀가 아는 사투리로 "나는 원죄 없이 잉태된 자(I am the Immaculate Conception.)"라고 말씀하셨다. 이것이 열여섯 번째 발현이었다. 성녀의 수준에 맞추어 응답해 주신 것이다. 성녀가 본당 사제를 찾아가 '원죄 없이 잉태된 자(Que Soy Era Immaculada Councepcion)'라고 사투리로 얘기하였다고 전하였다. 사제는 성녀를 나가라 하고 충격을 받아 바로 무릎을 꿇었다 한다. 수녀님의 설명을 듣던 나도 이 순간 전율을 느꼈다.

　그 후 숨이 멈춘, 태어난 지 두 달 지난 아기에게 이 물을 바르니 다시 살아났다. 당국은 폭동이 날까 봐 두려워 발현장소의 출입을 막기도 하였다. 강 건너편에서 1858년 7월 11일에 열여덟 번째 마지막 발현(the Last Apparition)이 있었다. 성녀는 그분께서 가장 아름다웠고 가까이 계셨다고 증언하였다.

　그 후 나폴레옹 3세에게는 병을 앓고 있는 아기가 있었는데, 소문을 들은 신하가 루르드 샘물을 떠가지고 가서 아기에게 마시게 했더니 나았다.

　사람들은 성녀가 돈벌이를 한다고 악소문을 내기도 하였다. 몬시뇰은 성녀의 말을 믿고 성녀를 불러서 성호경을 보여달라고 하였다. 성녀는 크게 심호흡을 하여 하느님의 자리를 마련한 후 천천히 성호성을 그었다. 그리고 "나는 다만 내가 본 그분의 모습을 따라 하는 것입니다."하고 증언하였다.

이 대목에선 아무런 생각 없이 기계적으로 성호경 긋는 내 모습이 떠올라 부끄러웠다. 그리고 앞으론 주님과 일치하는 마음으로 성의 있게 성호경을 긋기로 다짐하였다.

그후, 3년 이상 의사들과 신학자들이 성녀가 전해주는 이야기들의 구석구석과 환자들의 치유를 조사 연구한 끝에 드디어 1862년 2월 18일에 몬시뇰이 선포하였다:

"성모마리아께서 진실로 벨라뎃따에게 발현하셨다.(The Blessed Virgin Mary truly appeared to Bernadette Soubirous.)"

루르드의 다섯 가지 상징은 바위, 물, 빛, 군중, 그리고 환자이다. 각각은 믿음, 생명, 부활하신 예수님, 교회 식구, 그리고 아프고 가난한 교회를 나타내 준다고 수녀님이 설명한다.

"왜 성모님께서는 벨라뎃따 성녀를 선택하셨을까요? 그 대답은 성녀의 감사의 기도 속에 내포되어 있습니다. 성녀는 자신이 가장 무지하고 또 가장 가난한 처지에 있음에 감사드린다고 기도합니다. 그렇지 않았다면 성모님께선 자신에게 나타나시지 않고 자신보다 더 열악한 처지에 있는 그 사람에게 나타나셨을 것이기 때문이라는 겁니다."

난 어떠한 상황에서도 감사드리는 성녀의 기도를 접하며 많은 것을 강렬하게 느꼈다. 그리고 이것이야말로 이냐시오 성인이 얘기하는 불편심(indifference)이라고 생각하였다. 우리가 일부러 부보다 빈을 더 선호할 이유는 없다. 그렇다고 불편심 없이 부에 지나치게 집착한 나머지 빈을 부정하거나 금기시하여서도 안 될 것이다. 여러 가지 불편한 가난함조차도 감사하게 받아드릴 수 있고, 그러면서 오직 하느님만 보고 정진하는 벨라뎃따 성녀의 모습에 고개가 절로 숙여졌고 거룩함을 느낄 수 있었다. 그리고 이러한 벨라뎃따 성녀를 오늘 루르드 성지에서 만난 것에 대해서 주님께 감사드렸다.

　루르드성 밖에 있는 성녀 아버지가 운영했던 방앗간과 거처로 사용했던 감옥 방 등을 보고 다시 루르드성지로 들어와 지하광장에 있는 비오 10세 성당에 들어갔다. 이 성당은 순례자들을 위해서, 특히 휠체어 등에 의존해야만 하는 환자들을 위해서 지어진 무척 넓은 성당이었다.

　그런 다음 광장으로 걸어 나와 먼저 1층 로사리오 성당을 둘러보았다. 성당 정문 좌우엔 빛의 문과 생명의 문이 있었는데, 좌측 빛의 문으로 들어가니 환희의 신비, 고통의 신비, 그리고 영광의 신비를 나타내는 성화와 경당이 차례로 나온다.

　밖으로 나와 자세히 보니 성당 정면 바깥벽엔 빛의 신비를 나타내 주는 모자이크화들이 설치되어 있었다. 이 그림의 작가는 바로 2년 전 이태리 성지순례 가서 성 지오바니 로톤도에 있는 오상의 성비오 신부님의 기념성당 복도에서 본 성화의 작가, 세르비아 출신 예수회사제였다.

로사리오 성당을 나와서 층계를 걸어 올라가 맨 위층 성모마리아 무염시태 대성당에 들어가 보니, 좌석이 신자들로 꽉 찬 상태에서 미사를 드리고 있어서 성호만 긋고 조용히 나왔다. 우린 그 아래 지하성당 Cript에서 미사를 드렸다. 먼저 입구 오른쪽 경당에 모셔진 벨라뎃따 성녀에게 경배를 하고 나와 입당하였다.

신부님은 다음과 같이 강론하셨다.

"성모님무염시태 대축일은 12월 8일로 동성학교 개교기념일과 일치합니다. 성모님께서 태어나실 때부터 원죄에 물들지 않으셨다는 의미입니다. 이는 구원자이신 예수님을 담는 그릇이 깨끗해야 함을 의미합니다. 루르드 본당 사제의 입장에선 사투리로 꼬맹이가 '나는 원죄 없이 잉태된 자'라 하였다 하니 놀랄 수밖에 없었을 것입니다. 책에서 읽었거나 주입해서 외웠다면 사투리로는 표현될 수 없었을 것입니다. 유럽 성모님 발현성지 어디서나 성모님은 당신의 신원을 밝히실 때 '원죄 없이 잉태된 자'라고 말씀하십니다.

또 "회개하라"고 말씀하십니다. 물의 상징적 의미는 회개하고자 하는 능동적인 제스처입니다. 우리는 비록 아쉽게도 겨울철이기에 침수는 못 했지만, 오늘 루르드에 와서 물의 예식을 치르면서 그에 버금가게 주님께 봉헌했었습니다. 이제 물의 예식을 치른 우리는 새로운 각오로 죄스런 마음을 뉘우치며 성모님을 통해서 우리 주님께 용서를 청하는 시간을 가집시다."

미사를 마치고 나오니 어둠은 이미 짙게 깔려 있었고, 넓디넓은 성지엔 인적이 거의 없었고 조용했다. 마치 우리 일행이 성지 전체를 잠시 전세 낸 것 같았다. 숙소도 가까이 있었다. 이것도 겨울철 성지순례의 좋은 점이리라. 이 점 주님께 감사드렸다.

나도 이번 스페인에 성지순례를 와서 그것이 주님을 따르는 일과 상관이 없는 한 크게 집착하지 않는 것을 보면 벨라뎃따 성녀를 닮아서 점점 불편심을 지니게 되는 것은 아닌지 모르겠다. 아니다, 평소 삶에 지쳐 '이런 들 어떠하리, 저런 들 어떠하리'하며 귀찮아하면서 사는 미지근한 내 태도가 크게 한 몫 하는 것일게다.

루르드에 와서 치른 물의 예식으로 내 마음이 점차 정화되어 '어떤 상황 속에서도 감사하며 주님께로 향하는 불편심을 지닌 벨라뎃따 성녀를 닮을 수 있게 해주십시오' 하며 기도드리며 잠을 청한다.

"**성인들과 함께 주님께로
나아가는 여행, 스페인**"

제28장 로욜라

"19. 1. 14. (월) 흐리고 비 옴

"성 프란치스코나 성 도미니꼬가 한 일을
나도 하면 어떨까?"

6시 반에 호텔에서 조식하고 곧바로 성지로 걸어 나갔다. 숙소는 성지 왼쪽 입구까지 한 블록 정도 떨어져 있었다. 아내와 난 계응으로 묵주신공을 하며 조용한 루르드 성지의 새벽 기운을 접했다.

로사리오 성당 앞 광장을 가로지르니 로사리오 기도가 저절로 나왔다. 이내 성모님께서 발현하신 바위에 도착했다. 대여섯 명의 교우들이 바위 앞 의자에서 성모상을 향해 앉아 기도하고 있었다. 난 먼저 벨라뎃따 성녀가 땅을 파서 샘물이 나오는 샘 앞에 무릎 꿇고, 어제 수녀님으로부터 들었던 성녀를 떠올리며 묵상하였다. 그리고 성모님을 떠올리며 바위에 손을 대고, 그로토 주위를 천천히 걸었고, 성모상이 모셔진 발현하신 곳 아래에선 잠시 바위에 얼굴을 묻고 묵상도 하였다. 그리곤 의자로 가서 성모님을 향해 장궤하고, 기도를 필요로 하는 가족들과 친지들의 얼굴을 차례로 떠올리며 기도드렸다. 그리고 순례 중에 보다 착하게 살기로 마음먹은 바를 잘 실천할 수 있게 해달라는 도움을 청하고 주님께 감사드렸다. 조용하고 시간도 여유가 있어서 기도하는 데 집중이 비교적 잘 되었다.

가지고 간 페트병에 루르드 물을 담아 다시 로사리오 성당앞을 가로지르며 로사리오 기도를 드리면서 숙소로 돌아왔다. 이렇게 뜻깊은 루르드 성지순례를 마쳤다.

8시에 루르드를 출발하여 프랑스 국경도 넘고 피레네 산맥도 넘어서 스페인의 바스크 지방, 성 이냐시오의 탄생지 아스페이티아(Azpeitia)로 향했다. 피레네 산맥은 스페인과 프랑스의 국경 지역에 430킬로미터에 걸쳐서 펼쳐져 있는 지중해와 대서양을 연결하는 긴 산맥이다. 바스크 지역도 한때 바로셀로나와 같이 40년간이나 스페인으로부터의 분리독립 운동을 펼쳤고, 당시 바스크 테러집단은 매우 포악해서 악명이 높았다 한다.

루르드를 떠나 나오는데, 산엔 검붉은 구름띠가 하늘을 가리고 있더니 곧 비가 내린다. 우리가 통과하는 동네에는 어김없이 성당들이 눈에 들어온다. 유럽에서 성당은 감사와 속죄의 건축물이다. 해서 신자들은 성당을 짓기 위해서 재물도 봉헌하고 노동력도 제공한다. 성당을 짓는 덴 수십 년 수백 년이 걸리기도 한다. 경우에 따라선 재력가들이 예술가들을 사서 그림도 그리고 조각물도 만들어서 성당 안쪽 벽과 바깥벽을 치장하기도 한다. 이것이 다 신앙심의 발로이다. 이런 예술품들은 문자를 모르는 문맹인들에겐 성경을 가르쳐주는 수단이 되기도 하였다. 아무튼, 그 정성만큼 감사와 속죄를 하는 것인 셈이다.

이스라엘에서 본 수많은 기념성당들이 수 세기에 걸쳐서 건축과 파괴와 재건축을 반복했다. 그때마다 이스라엘의 점령군은 로마, 무슬림, 그리고 십자군 등으로 바뀌었다. 바로셀로나의 성가정 대성당은 가우디가 43년간 매달렸고, 가우디 작고 100주년이 되는 2026년에 완공될 예정이라니, 아마도 성당을 짓는 데만 150년 가까이 소요될 것이다. 그 오랜 기간 동안 계속해서 끊임없이 주님께 속죄하고 봉헌하며 감사드리고 있는 것이니 저절로 고개가 숙여지고 숙연해진다.

한 시간 반쯤 달려 휴게소에 도착하였다. 그곳은 산티아고 순례길이었다. 휴게소 뜰에 세워져 있는 순례자 동상을 보니 반가웠다. 성 야고보의 유해가 발견됨으로써 오랜 역사를 거쳐 자연스럽게 형성된 산티아고 순례길을 걷는다는 것은 어느새 많은 한국 사람들에게도 로망이 되었다. 너도, 나도 우리 스페인 순례객 모두가 사정이 허락된다면 한 번쯤은 그 길을 걷고 싶은 것이다. 꼭 종교적인 이유가 아니더라도 자신의 성화를 위하고, 삶을 보다 진솔하게 느끼며, 쓸데없는 것들을 버리고, 보다 자유로워지며, 보다 낮아지고……, 그리고 건강 등을 위해서 말이다.

휴게소 뜰에서 순례자 동상을 들여다보고 사진 찍을 땐 말끔히 개였던 하늘이 우리가 버스에 오르니 거짓말같이 비를 쏟았다. 센스 있는 가이드 소피아가 산티아고 순례길을 소재로 만든 영화 'The Way'를 틀어주어서 우린 버스로 피레네산맥 프랑스/스페인국경을 넘어오면서 동시에 산티아고 순례길도 함께 걸었다. 아니 영화를 보면서 그 길을 걷기로 마음을 굳혀 가고 있었다.

휴식을 취한 후 한 시간여를 더 달려 10시 반경에 드디어 스페인으로 들어왔다. 아니 바스크로 들어왔다. 이곳 사람들은 아직도 스스로를 스페인 사람보다 바스크 사람으로 부르길 선호한단다. 거기서 4~50분을 더 달리니 드디어 이냐시오 성인의 탄생지 아스페이티아에 도착한다.

낮은 산으로 둘러싸인 주위 동네가 깔끔하다. 아스페이티아 (Azpeitia)는 윗산이란 뜻이며, 로욜라(Loyola)는 진흙이란 뜻이라 한다. 과거 스페인에서 상위 쪽은 아래쪽에 비하면 영주 등 부유한 계층이 사는 동네였단다. 이곳은 산악지역으로 구름도 많이 끼고 습해서 풀과 수목이 잘 자라고 과수와 목축도 잘된다고 한다.

우린 먼저 심 신부님의 안내로 성 이냐시오 바실리카를 둘러보았다. 성당 안엔 겸허함의 대명사인 내가 좋아하는 알퐁소 로드리게스 성인(St. Alphonsus Rodriguez)도 모셔져 있었다. 성인은 예수회 수사로서 스페인 마요르까에 있는 한 예수회 대학에서 짐꾼이나 문지기 같은 보잘것없는 직무를 46년간이나 불평 없이 수행했다고 한다. 초인종이 울릴 때마다 성인은 문을 쳐다보면서 마치 하느님이 들어오시기 위해서 문밖에 서 계시고 있는 것처럼 상상했었다 한다. 성인은 생전에 "주님, 제가 당신을 알게 해주십시오. 그리고 제 자신도 알게 해주십시오."하며 기도를 드리곤 했었다 한다. 성인은 문지기를 하면서 모든 사람에게서 진정으로 하느님을 발견하려고 노력했던 것이다.

성당 밖 벽에선 신학생의 수호성인 곤자가와 명문귀족으로, 모든 것을 다 버리고 예수회에 입회하여 초기 예수회를 공고히 하는 데 기여했던 예수회 전 총장 보르지아 성인(St. Francis Borgia)도 만났다.

이어서 대성당 왼쪽 옆 이냐시오 성인의 생가로 갔다. 여긴 성인이 탄생하였고, 나중에 팜플로나 전투에서 다리를 다친 후 요양하면서 회심한 곳이었다. 15세기에 지어진 생가인데도 허름하기보단 탄탄하였다. 아랫부분은 군사요새이고 윗부분이 생활저택이다. 돌벽 두께가 1미터 이상이나 되었고, 그 돌벽엔 성벽에서나 볼 수 있는, 포탄을 쏠 수 있는 구멍이 사방으로 여러 개나 있었다. 이 건물 자체가 철옹성이다.

건물 곳곳에 설치되어 있는 녹음을 들으며 층마다 건물 내부를 둘러본 후, 마지막에 찾아간 곳은 맨 위층 방이었다. 여기서 다리를 다친 성인은 하늘을 보면서 주님께 의탁하며 주님을 섬기기로 마음먹었다고 한다. 이때가 1521년 6월에서 그 이듬해 2

월이었다. 성인은 참회하고 이스라엘 성지순례를 가서 평생을 그곳에서 살기로 마음먹었다. 이렇게 성인께서 회심했던 방이 현재는 '회심의 소성당'이다. 회심의 소성당 안 한 구석엔 한쪽 다리를 깁스한 채 병석에 비스듬히 누워 책을 붙잡고 하늘을 쳐다보고 있는 금빛으로 치장된 이냐시오 성인의 상이 놓여 있었다. 그의 얼굴에선 자신의 삶을 바꾸기로 결심한 의지가 묻어나고 있었다.

우린 12시부터 이 곳 회심의 소성당에서 미사를 드렸다. 꿈만 같았고 감격스러웠다. 약 500년 전에 성인께서 예수님의 사업을 위하여 삶을 바치기로 회심했던 바로 그 장소에 지금 내가 있는 것이었다. 예수회 회원으로서 우리들보다 훨씬 더 진한 감동을 느꼈을 신부님은 다음과 같이 강론하셨다.

"예수회 회원으로서 성인의 회심 장소인 이곳에서 미사 드리는 것은 큰 위로입니다. 오늘 복음 주제는 '부르심'입니다. 첫 번째 제자들이 예수님께 부르심을 받은 곳은 기도나 종교 행위를 하던 곳이 아니라, 생업의 현장에서였습니다. 어제 만났던 성 벨라뎃따도 땔감을 주우러 가서 성모님을 통해 주님의 부르심을 받았습니다. 이냐시오 성인도 전쟁에 나가 불행하게 포탄에 맞아 다리가 부서졌을 때 하느님의 부르심이 시작됩니다. 하비에르 성인도 그 가문이 전쟁에선 이겼지만, 과도한 전비를 지출해 가문이 기울어졌고, 그러한 가문의 재기를 위해 파리로 유학가서 이니고를 통해 하느님의 부르심을 받았고, 결국 가문을 저버

렸습니다. 이 방에서 병 치료할 때 무료함을 달래기 위해 하녀가 가져다준 책 '그리스도의 생애'와 성인전 '금빛 전설'도 성인의 부르심에 큰 도움을 주었습니다. 이들 책에서 제자들과 성인들의 삶을 기사들의 삶에 빗대어 기사도로 묘사한 것에 영향을 받은 성인은 '성 프란치스코나 성 도미니꼬가 한 일을 나도 하면 어떨까?' 하고 마음먹습니다.

이같이 주님께서는 우리의 삶 속에서 겪게 되는 좌절, 슬픔, 고통, 환희, 그리고 기쁨 등을 통해서 우릴 부르시고 이끌어 주고 계십니다. 현장 자리에서 겪게 되는 이런 희망과 좌절 같은 경험을 다른 뜻으로 볼 수 있도록 하는 것이 회개의 의미라고도 할 수 있을 것입니다. 새로운 마음으로 하느님의 말씀하심, 하느님의 부르심, 그리고 이것을 볼 수 있도록 이 미사 중에 주님께 요청합시다."

기사 옷을 벗고 순례자가 되기를 결심한 성인은 1522년 3월에 순례를 떠나 1년 반 후인 이듬해 9월에 우여곡절 끝에 이스라엘 땅을 밟는다. 하느님을 닮아가는 것은 예루살렘에서 끝나지 않았고, 그 후 34년간의 전 생애 동안 계속되었으며, 성인은 각자 찾아야 할, 하느님의 뜻을 이루는 방법 중 하나를 '영신수련'이란 책에 담았다. 이는 정성을 다해 하느님 말씀에 귀를 기울이는 것이었다.

예수님께 가까이

성 이냐시오 바실리카가 보이는 근처 한 식당에서 호박 스프와 돼지고기로 점심을 하고, 2시 20분에 바스크 지역 아스페이티아를 출발하여 3시 15분경에 산 세바스티안 숙소에 도착하였다.

잠시 여정을 푼 후 4시부터 도보로 성 세바스티안 시내를 둘러보았다. 보슬비는 내리지만 깨끗한 시내를 함께 걸으니 기분이 좋다. 먼저 보수 중인 착한목자 성당에 가 보았다. 신고딕건물인데 분위긴 명동성당 같았다.

성당 내부엔 우리들만 있었다. 이때 가이드가 저기 나가는 두 젊은 여자를 보라했다. 우릴 힐끔 보고 나가는데 저들이 요주위 인물이었단다. 멀쩡하게 생겼다. 스페인어를 하는 가이드가 그들의 얘길 들었는데 순례객이 소지품을 옆에 두고 기도할 때가 찬스라고 한 녀석이 다른 녀석에게 가르쳤다고 했다. 우린 일시나마 우리도 모르는 사이에 성 세바스티안 착한목자 성당 안에서 잡범들의 OJT 훈련의 대상이 되었던 셈이었다.

이곳에서 순례지 성당은 어떤 이에겐 기도와 묵상과 은총의 현장이기도 하지만, 또 다른 이에겐 도둑질 돈벌이의 안타까운 현장임을 확인하였다.

다시 우린 대서양 바다 쪽으로 걸어서 콘차코 해변으로 갔다. 콘차코(Kontxako:Concha)는 조개라는 뜻이다. 이 해변은 입구가 좁은 만안에 들어와 있는데, 위에서 보면 조개 모양이라 한다. 해변이 제법 크며 모래사장도 넓고 완만한데, 앞에 작은 섬까지 바다 한가운데를 가로막고 서 있어 아늑한 느낌을 주는 아름다운 곳이었다.

그리고 우리의 발걸음은 예전엔 카지노였다는 청사를 옆으로 하고 옛 시가지 골목길로 접어들었다. 아이쇼핑을 하고 찾아간 곳은 성 세바스티안 성당이었다. 골목길에 붙어있었지만, 외형이 크고 위엄도 있어 보였다. 세바스티안 성인은 3세기 로마에서 순교하였다. 기둥에 매달린 채 화살을 수도 없이 맞아서 몸에 꽂혔는데 죽지 않았고, 로마군이 배교하면 살려준다고 회유했는데도 고통 중에 32살을 일기로 순교하였다.

한 선술집에 들러 바스크 지역의 스페인 음식 핀초스(pinchos)를 간단히 각자의 취향대로 와인과 맥주와 커피와 함께 먹으며 담소를 즐겼다. 우리가 맛본 핀초스는 문어, 홍합, 새우, 순대같이 생긴 소시지 등이 이쑤시개에 끼워 나오는데, 소량이며 담백하여 식사 전 요기로 제격이었다. 근처 한 중국집에서 저녁을 하고 숙소로 가는데, 보슬비가 나올 때보다 조금 더 많이 내렸다. 도보로 30분 거리에 숙소가 있었다.

비오는 밤 성 세바스티안 도시의 강변을 따라 걸었는데, 숙소로 가는 중간에 마리아 크리스티나 다리의 야경이 멋있었다. 해서 우린 다리 한가운데 있는 사랑스런 조각탑 앞에서 짝을 찾아 사진을 찍었다. 신부님도 우리들의 주치의인 요아킴 형제와 짝을 이루셨다. 이 순간만은 우리 모두가 젊었던 시절로 돌아갔다.

이렇게 주님께 그리고 각자 서로에게 감사드리면서 프랑스 루르드에서 시작했던 오늘의 일정을 스페인 성 세바스티안에서 마감하였다.

"성인들과 함께 주님께로 나아가는 여행, 스페인"

제29장 팜플로나

'19. 1. 15. (화) 흐렸다 활짝 갬

"사람이 온 세상을 얻고도 제 목숨을 잃으면 무슨 소용이 있느냐?"

다시 새로운 하루를 허락해 주신 주님께 감사드리며 맑은 영혼으로 또 하루 은총 받는 순례를 청하며, 8시 반에 아침기도로 일정을 시작하였다.

우리의 순례코스는 이베리아 반도의 역사를 따라가는 여정이다. 카탈루냐를 출발하여 피렌체 산맥의 안도라와 루르드를 거쳐 바스크로 들어왔고, 오늘은 나바라로 들어간다.

나바라는 바스크의 인접 지역이며, 바스크에서 사용되는 에우스카라 언어를 사용하는 등 바스크와 밀접하게 연결되어 있다. 그러나 바스크는 카탈루냐와 마찬가지로 현재는 투우가 금지되어 있으나, 나바라에선 투우와 소몰이 축제가 아직도 열린다.

나바라 팜플로나의 수호성인은 성 페르민(San Fermin)이다. 이곳 팜프로나에서 태어난 성인은 3세기 로마 시대 때 포교 활동을 하다가 순교를 당하였다. 페르민 성인 축일엔 성 페르민 축제가 팜플로나에서 열린다. 그날은 일은 안 하고 모두 미사를 마친 후 축제에 참여한다. 또한 장날이기 때문에 주민들은 팔 물건들과 가축들을 가지고 시장에 나오는데, 큰 소를 좁은 시장 골목길로 몰고 오는 것은 결코 쉬운 일이 아니었다. 이렇게 팜플로나에서 7월에 소를 몰고 미로와 같은 골목길을 거쳐 광장으로 들어갔던 것이 성 페르민 축제의 하이라이트인 소몰이 축제의 효시이다.

또한, 이때 도망치는 소의 뿔을 잡고 소를 제압했던 것이 투우로 발전하게 되었는데, 투우에는 세 단계의 기술이 있다 한다. 첫 번째는 '삐까르'인데 말을 타고 긴 창으로 기가 센 소의 정곡을 적당히 찔러 소의 기를 꺾고 힘을 빼는 기술이다. 이런 기술은 전쟁훈련의 일환으로도 사용되었다. 두 번째는 '반데리야'인데 말에서 내린 채, 맨땅에서 짧은 창을 소에게 던져 정곡을 찌르고 소를 지치게 하는 기술이다. 다른 부위를 찌르면 기술이 그만큼 부족한 것이 된다. 마지막 단계의 기술은 '마타르'인데

이는 죽인다는 의미이다. 즉 투우사는 붉은 망토만으로 소를 제압하여야 한다. 소에 가까이 가는 것은 기술이 좋은 것인데, 이처럼 투우사에게는 기술과 더불어 용맹도 요구된다.

711년에서 1492년까지 근 800년 동안 지속된 북아프리카에서 올라온 이슬람교도들과 이베리아 반도 북쪽의 그리스도인들 간의 끊임없는 종교전쟁의 배경과 역사 속에서, 투우는 스페인사람들에겐 이슬람교도들을 물리치는 영웅적인 싸움으로까지 인식되기도 하였던 것이다.

우릴 실은 버스는 드디어 바스크 지역에서 나바라 지역으로 들어왔다. 어느새 하늘은 개여서 햇살이 눈부시게 빛나는데 푸른 들판이 기가 막히게 아름답다. 그 푸른 들판이 모두 밀밭이란다.

조금 더 가니 팜플로나의 교외에 자리를 잡은 하비에르성이 나온다. 10시 반부터 하비에르성 바로 옆 하비에르 성인이 탄생한 곳에 세워진 성당에서 미사를 드렸다. 성당 오른쪽 바닥엔 1501년 4월 7일이라 기록된 표지판이 박혀있는데 이곳이 성인이 탄생한 곳이었다. 오늘 신부님 강론 말씀은 다음과 같았다.

"12월 3일이 하비에르 성인 축일인데, 한 땐 한국교회에서는 하비에르 성인 축일을 로욜라 성인 축일보다 더 크게 지냈습니다. 아마도 하비에르 성인이 동양에서 선교활동을 하셨고, 마카오에서 돌아가셨기 때문일 것입니다.

제3부 성인들과 함께 주님께로 나아가는 여행, 스페인

오늘 복음에선 예수님께서 권위 있게 가르치셨다고 말해줍니다. 이는 예수님께서 지적인 능력과 더불어 윤리적으로도 매력적인 내적 인품을 지니셨기 때문일 것입니다. 하비에르 성인은 바오로 성인과 견줄만할 정도의 선교활동을 하셨습니다. 영세시킨 사람들의 수가 수만 명에 이른다고 합니다. 이것 역시 지식보다도 예수님께서 주신 삶 속에서의 지혜 때문이라고 생각됩니다. 우리도 주님께 삶의 지혜를 달라고 요청해 봅시다."

나는 이 순간 앞으론 신앙인으로서 보다 모범적인 삶을 살아서 전교를 많이 할 수 있었으면 좋겠다고 희망하였다. 예수회의 설립자들인 하비에르 성인과 이냐시오 성인의 우정은 자기중심적이고 세속적인 것이 아니라, 이타적이며 신비스러울 정도로 거룩한 것이었다. 이는 하비에르를 교회의 전교사로 해외에 파견하는 이냐시오의 결단에서, 그리고 이를 기꺼이 수용하는 하비에르의 순명에서 잘 드러난다.

이 둘은 이 결정으로 현세에선 더 이상 만날 수 없을지도 모른다는 것을 잘 알고 있었다. 리스본에서 배를 타기에 앞서 이냐시오에게 보낸 편지에서 하비에르는 다음과 같이 얘기한다.

"(우리 가운데) 누구든 먼저 다른 삶으로 가는 사람은 그곳에서 주님 안에서 사랑하는 남은 형제를 발견하지 못한다면 우리 주 그리스도께 그곳에서 우리가 모두 다시 만날 수 있도록 청원하기 바랍니다."

좀 과장되게 얘기하면 친구에게 주님을 위해 죽으라고 사형선고를 내렸고, 친구는 또 그 길을 따라간 것이었다. 자신의 안위만을 최우선에 두는 세속적인 눈으로 바라본다면 소름 끼칠 정도로 잔인한 행위였다. 이냐시오가 하비에르를 동양에 선교사로 파견했던 것은. 그리고 하비에르가 이에 순명한 것은 이해할 수 없는 바보 같은 행위였다. 자기중심적인 내 눈으로 해석해 본다면. 그러나 그들은 이런 행위를 자행했다. 이냐시오와 그보다 15살 아래인 하비에르의 우정이 무섭다. 아니 무서울 정도로 존경스럽다. 그리고 다음 세상에까지 이어지는 그 우정은 아름답고 영원하다. 주님 안에서.

주님만을 위해 살겠다고 모든 것을 다 버리고, 목숨까지 내놓는 이토록 무서운 투사들이 예수회의 창립자요, 설립회원들이기 때문에 오늘의 예수회가 있음을, 난 어제와 오늘 로욜라성에서 그리고 하비에르성에서 목격하였다. 이것도 이번 성지순례에서 우리가 받은 큰 은총 가운데 하나라 생각한다.

다시 정신을 차리고 나 자신을 돌이켜보니 영성수련의 수호성인과 선교활동의 수호성인처럼 엄청난 행동은커녕, 작은 행동조차도 제대로 실행하지 못하고, 말로만 살았던 자신이 한없이 작아지고 부끄러워진다.

하비에르 성인이 인도, 말레시아, 그리고 일본 등지에서 입교시켜 하느님을 새로이 받아들인 사람들만 10만 명이 넘었을 것이라 한다. 안타깝게도 성인은 1541년에 리스본을 떠나 11년 후인 1552년에 성인의 마지막 선교대상지인 중국대륙에 상륙하기 직전에 46세를 일기로 하느님 곁으로 올라가셨다. 씨앗 하나가 땅에 떨어져 죽으면 많은 열매를 맺는다는 성경 말씀을 그대로 보여주신 것이다.

명문가문의 출신으로 19세에 파리대학에 유학 온 하비에르는 세속적인 야망이 컸던, 미래가 촉망되는 젊은이로서 처음엔 이냐시오의 뜻에 감화되지 않았다 한다. 이냐시오가 하비에르의 단단한 저항을 깨트린 것은 아래의 복음 말씀이었다 한다.

"사람이 온 세상을 얻고도 제 목숨을 잃으면 무슨 소용이 있느냐?(What does it profit them if they gain the world, but lose or forfeit themselves?)"

하비에르는 잠시 지나가는 세상은 잃었지만, 목숨을 얻어 성인 품에 올라 영원히 주님 곁에 계신 것이다.

미사를 마치고 하비에르성과 그 안에 있는 박물관을 둘러보았다. 하비에르 성인이 명문가 귀족출신임을 확인할 수 있었다. 그리고 12시 10분에 나바라의 하비에르성(Castillo de Javier)을 출발하여 12시 50분에 팜플로나(Pamplona) 도심에 도착하였다.

팜플로나는 나바라 지역의 수도로써 약 20만 명이 산다고 한다. 도심의 좁은 골목길을 산책했는데, 이런 곳에서 소몰이축제가 열린다 한다. 그 길을 걸으면서 뒤에서 달려드는 소 떼를 상상하니 왠지 몸에 힘만 들어가고 발걸음이 무거워져 금방 내 몸이 소뿔에 치여 산산조각이 날 것만 같았다. 오늘은 팜플로나

이 골목에서 소몰이축제가 열리지 않아서 다행이다.

조금 더 걸어가니 산타마리아 대성당이 나타나는데, 그 옆에 있는 건물엔 알베르게라는 표지판이 걸려있었다. 우리가 잠시 걸었던 길이 산티아고로 가는 순례길이었던 것이다. 점심을 예약한 식당 쪽으로 가는데, 또 제법 규모가 큰 알베르게가 나타난다. 문이 열려 있어서 잠깐 들어가 보았다. 만약에 산티아고순례길을 걷게 된다면, 그리고 팜플로나에서 1박을 해야 한다면 난 이곳 알베르게를 이용할 것이다. 하룻밤 요금은 10유로이었다.

점심으로 샐러드와 닭고기와 케이크를 먹었는데 아주 맛있었다. 점심 후 우린 그곳에 있는 투우장 외관을 보았다. 투우장 앞엔 미 작가 헤밍웨이의 조각상도 있었고, 그 앞거리의 이름 역시 헤밍웨이 거리였다. 투우에 열광했던 헤밍웨이가 이곳을 여러 차례 방문했었고 그의 소설, '태양은 다시 떠오른다'의 배경 역시 바로 이곳 팜플로나였다.

4시에 팜플로나를 출발하여 약 2시간 후에 오늘의 최종목적지 사라고사(Zaragoza)에 닿았다. 사라고사는 아라곤(Aragon)의 수도이며, 인구는 약 70만 명으로 제법 큰 도시이다. 도심에는 총 길이 930킬로미터의 에브로강이 흐르며, 로마인들이 세운 도시로써 당시엔 로마왕족들이 많이 살았다 한다. 사라고사란 이름은 로마황제 '세사르 아우구스투스'에서 유래되었다 한다.

10월 12일은 콜럼버스가 1492년 그날에 신대륙을 발견한 것을 기념해 스페인에선 국가의 날, '에스파니아 데이'인데, 사라고사에선 필라르 성모님의 날이다. 이날은 사라고사 전 시민이 전통 복장을 하고 가장 아름다운 꽃을 성모님께 바치는 날이다. 또 축제 중에 미스 사라고사도 선출하며 전통, 종교, 문화가 함께 어우러지는 축제의 날이다.

콤포스텔라 순례의 이야기도 여기 사라고사에서 시작된다. 스페인에 와서 전교활동을 펼쳤던 야고보 성인이 여기 사라고사에서 꿈에 성모님을 만났는데, 성모님께서는 전교활동의 어려움으로 지쳐가던 그에게 기둥 하나를 전해주고, 기둥을 보관하는 성당을 지으라고 말씀하신다. 그래서 여기에 성모님께 봉헌된 최초의 성당, 필라르 성모 대성당이 지어졌던 것이다.

성인은 이스라엘에 가서 순교를 당했는데, 그 제자들이 성인의 유해를 스페인으로 가져왔다. 헌데 9세기에 들어와 그 유해가 산티아고에서 발견되었던 것이다. 특히 11세기 십자군시대에는 예루살렘으로의 순례가 어려워지자, 당시 순례자들에겐 그 대안으로 산티아고에로의 순례길이 더 다가왔을 것이다.

물박람회 엑스포(Expo)가 열리는 것으로도 유명한 에브로강을 산티아고다리(Puente de Santiago)로 건너는데, 다리 위에서 보이는 필라르 성모 대성당의 모습이 환상적이다. 감탄사가 연발된다. 이 성당은 바로 야고보 사도가 성모님을 만났던 장소 위에 세워진 것인데, 필라르 광장으로 들어가 가까이 가서 보니, 그 규모가 엄청나다.

성당 안으로 들어가 보니 중앙제단 반대편엔 야고보에게 발현하신 성모님을 기리는 성모님제단이 있다. 그 제단엔 큰 망토를 쓴 작은 성모님이 모셔져 있었는데, 수많은 신자들이 정성을 다해 망토를 짜서 봉헌하기 때문에 매번 망토의 색깔이 바뀌는데, 그 색깔이 무엇인지 맞추면 행운이 따른다고 한다. 난 노란색 망토를 입고 계실 것으로 짐작했는데, 제대에 가보니 흰색이었다. 그렇지만 내 눈엔 노란색으로 보였다. 그렇지 않았다면 내가 지금, 이 아름답고 성스러운 대성당에 들어올 수 있었겠는가!

그 제대 옆 벽엔 커다란 폭탄 두 개가 걸려있었다. 그것은 이 성당을 폭파시키기 위해 떨어트린 것인데 성모님의 보호하심으로 불발에 그쳤던 것을 전시해 놓은 것이라 한다. 난 지금 성모님 발현 현장에서 기적을 보고 있는 것이다.

성모님제단 뒤편엔 긴 머리로 얼굴이 반쯤 가려져 있는, 십자가에 못 박히신 예수님이 모셔져 있었다. 예수님의 머리카락은 이 예수님을 봉헌한 한 귀족가문의 가족 구성원들의 머리카락을 모아서 만든 것인데, 믿거나 말거나 머리가 조금씩 자라나서 계속 다듬어줘야 한단다. 천정에 그려진 고야의 그림도 잠깐 보았다.

대성당을 나와 다시 광장에서 고야를 만난 후, 그 자리에서 옆에 있는 라세오 대성당(Catedral de La Seo) 외관을 보고 16세기에 만들어진 돌다리를 건너서 버스를 타고 7시 45분에 호텔숙소로 돌아왔다. 오늘도 8시에 늦은 저녁을 하고 난 곧바로 곯아떨어졌다.

> **" 성인들과 함께 주님께로**
> **나아가는 여행, 스페인 "**

제30장 부르고스

"19. 1. 16. (수) 비 온 후 흐림

국토회복운동의 영웅, 엘시드도 만나다

6시에 루까 신부님 방에서 미사를 드렸다. 오늘 강론말씀은 다음과 같았다.

"오늘 복음에선 예수님께서 복음을 선포하시려고 파견되었다고 말씀하십니다. 예수님께서는 주로 가르치시고, 고쳐주시고, 복음을 선포하셨습니다. 신학자들은 이를 요약해서 왕적 사명, 사제적 사명, 그리고 예언적 사명이라고 합니다. 사제들뿐만 아니라 모든 그리스도인들이 세례를 통해서 이 세 가지 사명을 나누어 받았습니다. 이번 순례 중에 부여받은 이러한 사명을 확인하며 마음속에 새기는 시간을 갖고, 삶의 현장으로 돌아가선 성실하게 그리스도인으로서의 덕을 실천하고 표양을 보일 수 있도록 주님께 도움을 청합시다."

8시 10분에 호텔을 나섰다. 아직 밖은 컴컴한데 보슬비도 내리고 물안개도 피어있었다. 사라고사 도심이 에브로강으로 둘러싸여 있어서 해뜨기 전엔 물안개가 끼는 모양이다. 아침식사를 할 적엔 호텔 식당에 군복을 입은 군인들이 보였다. 사라고사와 아빌라엔 스페인 공군기지가 있어서 가끔씩 스페인 우방국의 공군병사들이 이곳을 방문한단다.

오늘은 제일 먼저 카스티야-레온지방의 대표도시 부르고스(Burgos)를 방문하였다. 카스티야-레온은 포르투갈 전체 면적보다 조금 넓은 면적을 차지하고 있는 자치구인데 약 250만 명이 여기에 살고 있다 한다. 부르고스의 인구는 약 37만 명이라한다. 부르고스에선 먼저 부르고스 대성당을 찾아갔다.

성당에 접근하려면 16세기 찰스 5세때 지어진 산타마리아 문을 통과해야한다. 산타마리아 문엔 찰스5세와 이 도시를 만든 비오 로드리게스의 흉상도 설치되어 있었다. 원래 부르고스엔 모두 12개의 성문이 있었는데 현재는 산타마리아 문만 남아 있다고 한다.

부르고스 대성당은 그 자체가 하나의 박물관이며, 또 세계문화유산으로 등록되어 있다. 스페인이 이태리 다음으로 세계문화유산이 많은데, 스페인 주요도시들이 세계문화유산이고, 또 그 도시 속에 존재하는 건축물, 축제, 그리고 풍습 등도 세계문화유산에 등재되어 있는 것들이 많다.

현재 스페인 수석본부(Primate Cathedral)는 톨레도 대성당인데, 과거엔 부르고스 대성당이 수석본부였다 한다. 프랑스풍 고딕식 성당인 부르고스 대성당은 성모님께 봉헌하기 위해서 카스티야 왕국의 페르난도 3세 때인 1221년에 공사를 시작했는데 1567년에야 완공되었다.

이 성당의 중앙 돔 아래 바닥엔 부르고스가 배출한 국토회복운동(Reconquista)의 영웅, 엘시드로 더 잘 알려진 데 비바르(Rodrigo Diaz de Vivar)와 그의 아내 히메나(Dona Jimena)가 안치되어 있어서, 부르고스 시민들은 국토회복운동의 본산으로서의 이 성당에 대한 자부심이 대단하다고 한다. 이 소리를 들으니 민주화운동의 본산으로서 명동대성당에 대한 자부심을 크게 느끼고 있는 우리 순례객들한테는 부르고스 대성당이 무척 친근감 있게 다가왔다. 지금은 그 내용을 다 잊어버린 찰톤 헤스톤과 소피아 로렌이 주연한 영화 '엘시드'를 다시 한 번 봐야겠다.

성당 정면 입구 안쪽 천정엔 빠파모스카(파리잡이)라 불리는 종이 있는데, 종이 울릴 땐 마치 파리가 윙윙거리는 것 같다 해서 붙여진 이름이란다. 종을 치기 전에 이곳에서 기도를 하면 사랑이 이루어진다 한다.

하루는 한 왕이 국가의 평화를 위해 이 성당에 기도하러 왔었는데, 우연히 어떤 아름다운 여인을 만났다. 그 후 이 왕은 그 여인을 만나기 위해 이 성당을 찾곤 했었는데, 다시 만날 수가 없었다. 그러자 그 왕은 특별한 시계 빠빠모스카를 만들어 종치는 시각에 사람들이 와서 기도하게끔 유도하였고, 그 덕분에 그 여인을 만나게 되었다 한다. 이 얘기를 들으니 성당에 와서 임도 보고 뽕도 따려는 일석이조를 노리는 사람들이 동서고금 지위 고하를 막론하고 나타나는 것 같다.

이어서 우린 발걸음을 한 경당에서 멈췄다. 성안나 경당이었다. 경당 가운데엔 그 경당을 봉헌한 15세기 주교 한 분이 모셔져 있었고, 얇은 금종이를 입혀 장식한 벽엔 아래에서 위로 다윗왕-요아킴과 안나-성모님 상이 차례로 모셔져 있었다. 성모님 왼편엔 모세의 십계명 판을 들고 눈을 수건으로 가린 여인상이 있었고, 성모님 오른편엔 성합을 들고 눈을 뜬 채 앞을 직시하는 여인상이 있었다. 구약의 시대에서 신약의 시대로 넘어오는데 성모님께서 중심역할을 하셨음을 문맹인도 한눈에 알아볼 수 있도록 다윗왕에서부터 시작되는 예수님의 가계도를 보여주고 있었다.

우린 루까 신부님의 제안에 따라 그 경당에서 먼저 하느님 곁으로 올라간 안나 자매를 위해서 함께 주모경을 바쳤다. 스페인 성지순례에 와서 이곳 부르고스 대성당에 들어와, 성당 안 성안나 경당 앞에서 일행이 다함께 안나 자매를 위한 기도를 드리니, 유난히도 우리의 기도 소리가 잘 전달되는 것 같았다.

그렇다. 기도가 잘 되는 장소가 있다. 조용한 곳이 그렇고, 자주 기도를 드리는 곳이 그렇고, 또 함께 일심동체가 되어 기도 드리는 곳이 그렇다. 오늘 우리에겐 이 경당이 바로 그런 곳이었다.

순례에 와서 함께 기도할 수 있는 뜻 깊은 시간을 마련해 준 안나 자매가 그립고 또 우리와 함께 순례하고 있는 사랑하는 우리의 벗 요아킴 형제가 고맙다. 특히 이번 순례여행이 요아킴 형제에겐 주님께서 베풀어주시는 위안의 은총을 풍성하게 받는 장이 되길 빈다.

나는 천주교에서 세례를 받고 나서 레지오 활동을 하면서 연도나 장례미사에 참석할 기회를 더러 가졌었다. 이때 우리가 죽은 영혼을 위해서 기도하게 되는데, 산 사람과 죽은 사람의 통교를 믿고 행하는 천주교의 의례가 참 아름답고 의미 있는 것이라 확신한다. 해서 최근엔 "세상을 떠난 모든 이가 주님의 자비하심으로 평화의 안식을 얻게 해 주소서."라고 기도하는 식사 후 기도도 가급적 정성껏 올리려고 노력하고 있다.

다음에 우리가 멈춰선 곳은 금으로 일부가 장식된 층계가 있는 닫혀진 문 앞이었다. 이 황금계단은 프랑스 파리의 오페라하우스 계단의 모티브가 되었다고 현지 가이드가 자랑스럽게 설명해준다. 이 문은 과거엔 언덕 윗동네에 사는 가난한 사람들이 사용하는 문이었다고 한다. 윗동네사람들이 아래쪽 시장으로 내려가려면 이 문으로 들어와 성당을 가로질러 나가는 것이 지름길이었기 때문에 그런 일이 많았고, 이는 당연히 미사를 방해했었기 때문에 오래전에 이 문을 폐쇄했다 한다.

우린 반대편에 있는 성직자들의 문을 통해 성당에 들어왔는데, 성당 정면의 대문은 왕의 문이라 한다. 이렇게 큰 성당은 지위에 따라 이용하는 그 출입문이 따로 있었다 한다. 경우에 따라선 비신자들은 성당에 입당조차 허용이 되지 않았다.

이어서 제대 옆쪽에 마련된 별도의 박물관으로 들어가 성화들과 성당의 미니어처 등을 보고 성당을 나와 근처 성당에서 점심 식사를 하였다. 스프와 돼지고기와 후식을 든 후에 특별히 이 지역의 음식인 모르시아를 맛보았다. 쌀과 아몬드를 넣어 만든 순대였다.

그 후 성당 한 바퀴를 둘러보았는데 언덕 옆 가난한 서민들의 성당출입문은 바깥에서도 역시 굳게 잠겨 있다. 저 문으로 입당하면 오전에 보았던 황금계단으로 내려갈 수 있는 것이다. 거기서 조금 아래로 내려오니 이 길 성당 옆에 알베르게가 나타난다. 산티아고 순례길을 또다시 만난 것이다. 버스가 서 있는 곳까지 일행은 여유롭게 산책을 하고, 다시 버스를 타고 다음 행선지인 바이야돌릿(Valladolid)으로 향했다.

바이야돌릿은 세계에서 조명이 가장 아름다운 도시로 선정되었으며, 두에로강의 지류인 비수에그라강이 흐르는 물의 도시이다. 이 강은 포르투갈을 거쳐 지중해로 들어가는데, 그 유역에서 생산되는 와인은 일품이라고 한다.

우린 이동 중에 '1492 – 콜럼버스'란 영화를 보았다. 콜럼버스는 살라망카 대학에서 열린 한 공청회에서 신대륙발견을 위한 항해의 타당성을 발표하는데, 그 계획이 부결되자 이사벨 1세 여왕을 만나 설득하여 결국 승인을 받아낸다. 국력의 신장과 재물의 획득 이외에도 주님의 은총 속에서 발견될 신대륙에서 살고 있을 주민들을 전교하기 위해 떠난다는 주장도 펴는데, 이런 콜럼버스의 태도가 참 인상적이었다.

1492년 8월 3일에 바이야돌릿 대성당의 종탑과 같은 구조물을 선박의 앞쪽과 뒤쪽에 각각 하나씩 두 개를 장착한 산타마리아호가 콜럼버스를 태우고 팔로스항을 출발한다. 그리고 우여곡절 끝에 떠난 지 두 달여가 지난 10월 12일에 육지에 도착하여 주님께 감사드리며 또 여왕에게도 고마움을 표하고, 그곳을 '산살바도르'로 명명한다.

여장부였던 이사벨 여왕은 독실한 천주교인으로서 곳곳에 성당도 많이 지어서 이 성당들을 특별히 이사벨리노 고딕양식 성당이라고 칭한다고 한다. 내가 아는 왕족으로 열성적인 천주교도엔 이태리 로마엔 4세기에 헬레나 성녀가 있었다면 15~6세기에 스페인엔 이사벨 1세 여왕이 있었다. 이사벨 1세 여왕은 1504년에 바이야돌릿에서 타계하여 그라나다에 묻혔고, 콜럼버스도 수년 후 바이야돌릿에서 타계하여 세비야에 묻혔다.

이어서 우린 바이야돌릿 산타마리아 대성당도 돌아보았는데, 길을 한가운데 두고 이 성당은 구(안티구아)성당과 신(누에보)성당으로 나누어져 있는 것이 특색이었다. 원래 계획했던 것에서 그 규모가 많이 축소되었다 한다. 현재는 그렇지 않아도 아예 폐쇄되었거나 또는 도서관이나 공공건물 등 다른 용도로 쓰이는 성당 건물들이 눈에 많이 띄는데, 규모가 축소된 것은 결과적으로 자원의 낭비를 방지한 것이기 때문에 잘된 일이라고 칭찬해 주고 싶다. 남아도는 성당 건물들을 보면 안타깝고, 성당 건물이 부족한 우리나라에 통째로 옮겨다 주고 싶다는 부질없는 생각도 해본다.

시내 산책을 조금 더 한 후, 5시 반 경에 바이야돌릿을 출발하였다. 8시경에 살라망카(Salamanca)에 도착하여 염장하여 말린 대구로 만든 스페인 음식 바칼리오를 저녁으로 먹고 잠자리에 들었다.

"성인들과 함께 주님께로
나아가는 여행, 스페인"

제31장 아빌라

'19. 1. 17. (목) 흐리고 안개 끼고 비 옴

"하느님만으로 충분합니다(Solo Dios basta)."

9시에 살라망카를 출발하였다. 살라망카는 두에로강의 지류인 토르메스강이 흐르고 있는 와인 생산지이다. 우선 살라망카 근교 알바데토르메스를 방문하였다. 여긴 산타 테레사 성녀께서 묻혀계신 곳이었다.

성녀는 1515년에 아빌라의 부유한 유대인 그리스도교도 집에서 태어났다. 특히 바로 위 오빠 로드리고와 매우 가까웠으며 아주 어릴 적부터 글을 배웠다. 책을 읽으며 성인기사단 얘기를 듣곤 성녀는 오빠와 순교 당하고 싶다며, 몸종에게 남루한 옷을 빌려서 이슬람교인들이 숨어 지내는 장소로 가다가 집안 어른에게 우연히 발견되어 끌려왔던 일도 있었다 한다. 어릴 적부터 모든 것을 버리고 하느님께 투신하는 성녀의 모습이 한편 어처구니도 없지만, 매우 인상적이었다.

수녀원 성당을 건립한 성녀는 이 성당의 좁은 공간에서 삶을 마감했다 한다. 십자가의 성 요한은 성녀가 탄생한 후, 27년이 지나서 1542년에 가난한 집안에서 태어났는데, 영성적으로 성녀의 도움을 많이 받았다 한다.

호텔을 떠난 지 30분가량 지나니 토르메스강(rio Tormes)이 나온다. 이 강을 건너니 그곳이 알바데토르메스 성지다. 바로 앞에 보이는 한 성당 높은 종탑엔 커다란 현수막이 세로로 걸려 있었다. 현수막엔 가로로 Solo Dios basta(솔로 디오스 바스타: 하느님만으로 충분합니다)라고 쓰여 있다. 이를 본 순간 난 이렇게도 간결하게, 그렇지만 함축적으로 설득력 있게 신앙심을 표현할 수 있을까 감탄하였다. 난 번번이 주님께 요청하는 것이 너무 많았고, 그래서 오히려 번잡스럽고 또 초점도 제대로 맞지 않는다고 생각할 때도 있었는데, 오늘 하루만이라도 하느님만으로 충분하다는 시간을 보낼 수 있었으면 좋겠다고 생각하였다.

우린 10시에 그곳 칼멜수도회 산타테레사 성당에서 미사를 드렸다. 신부님은 인사말로 그리스도 신비영성에서 최고의 영성가이신 성녀를 모신 산타테레사 성당에서 미사 드리게 된 것을 감사드린다고 말씀하시고, 우리 DCC회원들, 특히 요즘 고통당하고 있는 맹프란치스코 형제를 위해서 함께 기도하자며 우릴 초

청하시고 미사를 집전하셨다. 이어서 다음과 같이 강론하셨다.

"테레사 성녀는 두 분이 유명합니다. 오늘 우리가 이곳 성지에서 만나고 있는 산타테레사와 소화테레사입니다. 장미꽃처럼 하늘의 은총을 풀어준다는 의미의 소화테레사는 대테레사인 산타테레사의 본명을 취했습니다.

산타테레사 성녀는 그리스도 신비사상의 대가입니다. 성인이 남긴 저서엔 인간이 체험할 수 있는 하느님 신비의 거의 모든 것을 담고 있습니다. 즉 어떤 사람이 어떤 신비를 경험했다면, 어떤 놀라움을 경험했다면, 그것은 성녀의 저서에 이미 다 기록되었다고 볼 수 있는 것입니다.

27년이 더 어린 십자가의 성 요한도 아빌라의 성녀 테레사를 따랐던 분입니다. 당시 많은 사제들이 영적 대화를 구실삼아 미녀인 성녀를 만나러 갈멜 수도원에 가곤했었다 합니다. 그런데 하루는 성녀가 손님을 맞이하려고 응접실을 정리하는데, 기둥에 묶여 계신 예수님의 성화가 성녀의 눈에 들어옵니다. 이를 보고 성녀는 회심하게 되었고, 갈멜회 수도생활을 개혁하기 위해서 부단히 노력하게 됩니다.

그리고 예수회 3대 총장인 보르지아 신부님이 아빌라를 방문하였을 때, 그의 영적 지도도 받고 신비적 탈혼 경험을 하게 됩니다. 성녀가 기도하는 중 천사가 화살에 불을 붙여 세 번씩이나 성녀의 심장에 쏘아 맞추었습니다. 베르니디의 '사랑의 불화살'은 이를 표현한 작품입니다. 성녀의 사후에 기적을 입증하기 위해서 성녀의 심장을 열어봤더니 성녀의 심장에서 불화살에 찍힌 자국이 나왔다 합니다.

아빌라의 성녀 테레사는 개인적으로 내가 좋아하는 성녀입니다. '하느님을 사랑하고자 하는 마음이 있으면 우리의 삶이 윤택해집니다.'라고 성녀는 얘기합니다. 우리도 각자의 삶에서 이런 마음이 늘어나도록 전구 합시다."

'그래 맞아! 내 삶이 각박하게 느꼈다면 이는 하느님에 대한 사랑이 부족한 것이야.' 난 오늘 강론 말씀을 들으면서 이런 생각을 하며 묵상거리로 생각했다.

미사를 마치고 제대 뒤 방으로 가보니 박물관이 나온다. 성녀와 관련된 각종 성화며 유품들이 많이 있었다.

11시 25분에 토르메스를 출발하여 1시간 후에 아빌라에 닿았다. 성녀는 1515년에 이곳에서 태어나서 자랐다. 고도가 높은 곳에 있는 세계문화유산 도시가 아빌라이다.

성녀가 태어나고 얼마 있지 않아서 스페인은 찰스 5세에 의해 통일된다. 그는 프란다스 왕국에서 성직자와 예술가를 데리고 들어와서 예술과 사회 전반이 침체되었던 스페인에 르네상스를 가져왔다. 즉 당시 로마문화를 부활시켜 예술가들이 대상 인물들의 부족한 모습은 감추고, 대신 보다 예쁘고 완벽한 모습으로 탈바꿈시키는 르네상스 시대가 도래되었던 것이다. 이와 대조적으로 인물들이 오동통하게 표현되었다면 그건 바로크 작품인 것이다. 공식적으로는 통일이 되었지만, 당시엔 아직도 스페인 곳곳에서는 국부적인 마찰들이 발생하고 있었다.

산타테레사 성녀는 어릴 적부터 하느님을 위해서 살기로 작정하였다. 찰스 5세는 통풍으로 인한 심한 고통으로 생전에 필리피 2세에게 왕권을 물려주었다. 그는 사촌인 포르투갈 공주와 결혼하고 동양에선 향신료를 가져와 부를 축적하였다. 바이야도릿에서 태어난 필리피 2세는 1561년에 마드리드를 태양의 왕국 스페인의 수도로 건설하였다.

필리피 2세의 중조할머니인 이사벨 1세 여왕은 톨레도 대성당에 묻히지 못하고, 그라나다 대성당을 지어 묻혔다. 필리피 2세도 성 로렌스 성당을 지어 그곳에 묻혔다.

버스는 아다하 강(rio Adaja)을 건너서 12시 35분에 안개 속에서 아빌라에 닿았다. 현지 가이드와 약속한 시각보다 점심이 일찍 끝나서 우린 광장에 있는 대통령상을 보았고, 성 밖으로 나가 산타테레사상에서 사진도 찍었다. 아빌라성은 잘 보존되어 있었고, 높은 지대에 있어서 기온이 쌀쌀한 편인데, 바람도 불고 보슬비도 내려서 을씨년스러웠다.

아빌라 대성당은 외관만 보았다. 14세기에 지어진 이 성당은 로마네스크 위에 고딕양식을 취해서 고딕양식처럼 아주 높지는 않으나 묵직한 느낌을 주었다. 그 이유는 이슬람이 쳐들어올 것에 대비해서 방어시스템의 건축기술이 담겨져 있기 때문이란다.

성당 정문은 여느 성당과는 달리 장식물도 거의 없는 검소한 성당이었다. 그 이유는 이 정문은 원랜 옆문이었는데, 괴팍한 한

주교가 옆문 옆에 주교관이 있어서 더 아름답게 치장된 정문을 옆문에다 놓으려고 정문과 밋밋한 옆문을 바꾸었기 때문이었다. 문을 바꾸는 데는 17년이나 소요되었는데, 정녕 그 주교는 완성된 것도 보지 못한 채 타계했다고 한다.

　이어서 근처 광장 쪽으로 나가보니 보통 유럽 광장은 사면이 모두 건물 벽으로 둘러싸여 있는데, 여긴 삼면만 건물로 둘러싸여 있었다. 원래는 사면이 모두 건물 벽으로 둘러져 있었는데, 성당에 빛이 들어오지 않게 되자, 성당의 요청으로 결국 시청에서 성당 곁에 있던 한쪽 건물 벽을 헐어버렸기 때문에 지금은 삼면의 건물 벽만 남았다 한다.

　현지 가이드는 아빌라에는 전반적으로 한동안 건물건축규정이 제대로 갖춰지지 않아서 난개발이 되어 건물들이 조화롭지 못한 것이 문제라고 지적하였다. 성녀는 바로 건물 벽을 헐어버리게 했던, 광장 옆에 있는 이 성당에서 유아영세를 받았다 한다. 이 성당은 아빌라의 세례자 요한 성당이었다.

　다음에 찾아간 곳은 갈멜 수녀원의 산타테레사 성당이다. 이곳은 원래 성녀의 집이 있던 곳에 세워졌다. 이곳엔 성녀가 태어났던 성녀 부모님의 침실도 원래 모습 그대로 보존되어 있다 한다. 지금은 수리 중이라서 우린 안타깝게도 그 방을 볼 수는 없었다. 성녀는 생전에 톨레도, 살라망카, 세비야, 바이야돌릿, 아빌라, 그라나다, 무르고스, 그리고 세고비아 등지에서 수많은 성당을 지었다.

영적 욕심도 많아 수많은 영적 지도자들을 만나셨는데, 각각 도미니꼬회 사제들에게선 영적 지혜를, 프란치스코 사제들에게 선 영적 겸손을, 갈멜회 사제들에게선 영적 신심을, 그리고 예수 회 사제들에게선 영적 종교심을 취하였다. 이런 모습들을 보면 아름답고 지혜로운 성녀는 하느님을 섬기는 일에 있어선 양보도 없고 억척스럽고 욕심도 많은 여장부이었던 것 같았다.

이어서 한 카페에 들러 우린 잠시 휴식을 취한 후, 5시에 아빌 라를 떠나 6시 반에 마드리드시 레알마드리드 전용구장 옆에 도 착하였다. 그 근처에서 저녁을 하고 숙소에 짐을 풀어놓고, 숙소 근처 마드리드 밤거리를 한 시간가량 산책하였다.

강론 말씀에 따라 오늘 하루 하느님만을 사랑하기로 작정하고 보내고 나니, 내 마음속으로 느꼈던 오늘 하루의 내 삶은 확실 히 보다 여유로웠고 윤택해졌던 것 같다. 이런 긍정적인 생각을 하며 주님께 감사드리며 잠을 청하니, 오늘 잠자리도 한결 편안 해지는 것 같았다.

" 성인들과 함께 주님께로
나아가는 여행, 스페인 "

제32장 톨레도

"19. 1. 18. (금) 흐린 후 갬

'베드로의 눈물'이
내 가슴 속으로 파고든다

오늘은 일어나자마자 7시부터 미사를 드렸다. 신부님은 지금까지 안전하게 순례를 지켜주신 주님께 감사드리며 마지막 날인 오늘도 안전을 청하며 미사를 시작하였다. 그리고 강론 말씀을 다음과 같이 이어 가셨다.

"오늘 복음 말씀에선 한 중풍 환자가 가파르나움에서 친구 네 명의 도움으로 들것에 실려 지붕까지 뚫고 예수님 앞으로 다가가서 죄를 용서받고 치유를 받습니다. 중풍 환자의 입장에서 보면 예수님께서 고쳐주신다는 소문을 들어서 뵙고 싶었는데, 누군가 도와줘야 가능한 일입니다.

이 환자는 두 가지 장애를 가지고 있습니다. 첫 번째는 남의 도움이 필요한 것이고, 두 번째는 군중들 때문에 가로막혀 예수님께로의 접근이 불가능하다는 것입니다. 만약에 어떤 사람이 저런 신자들 때문에 성당에 가기 싫다는 얘기를 듣게 된다면 이 사람이 바로 환자가 예수님께 나아가는 것을 가로막고 있는 장애물일 것입니다.

우린 네 명의 친구처럼 환자 친구를 위해 장애를 걷어주고 예수님께 데려가기는커녕 주님을 만나고 싶어 하는 사람들에게 혹시 방해나 되는 것은 아닌지 살펴보고, 네 명의 친구들처럼 도움을 주는 사람들이 되었으면 좋겠습니다. 이번 순례 중에 그리스도를 모시며 도움을 필요로 하는 사람들을 주님께로 데리고 올 수 있는 아량과 지혜를 함께 청합시다."

'그래 맞아! 나도 영세 받을 적에 저런 친구가 있었어.' 난 중학교 2학년 때 천주교에서 운영하는 동성학교에 다녀서 영세를 받을 수가 있었다. 당시 난 학업엔 관심이 없었고, 노는 데만 정신이 팔려있었던 다소 부산한 아이였다.

하루는 이렇게 생활해선 고등학교나 제대로 들어갈 수 있을까 고민을 하면서 내 생활 태도를 바꾸기 위해서 노력하던 차에, 학급에서 참하게 생활하던 한 친구에게 접근을 시도했었다. 막연히 그를 본받기 위해서였다. 그런데 그 아이는 독실한 천주교 신자였고, 그 친구가 나를 교내에 상주하고 계셨던 신부님의 교리반으로 인도해 주었다. 이것이 아무것도 몰랐던 내가 천주교에 입문하게 되었던 계기였다. 그 친구는 내겐 바로 오늘 복음에 나오는 병자의 친구 네 명 중 하나였던 셈이다. 난 그의 착한 행실과 됨됨이를 알고 있었고, 그가 믿는 종교라면 믿어도 괜찮겠다고 생각했었다. 나도 이제부턴 뒤늦게나마 그런 친구가 되어보고 싶다.

8시 50분에 숙소를 떠나 톨레도로 향했다. 떠나자마자 AT 마드리드팀의 전용 축구장이 보이는데, 완다(WANDA)라는 중국회사의 현수막이 큼지막하게 구장에 걸려있었다. 중국인이 투자했다고 한다. 유대인들을 따라 하는 중국인들의 재정파워를 느낄 수 있었다.

한 시간을 달려서 톨레도에 도착하였다. 카스티야-레온에서 분리되어 카스티야-만차에 속한 톨레도는 600미터 고지에 위치해 있으며, 11세기 말 통일된 후엔 그리스도교도 유대교도 그리고 이슬람교도가 모두 함께 살았다고 한다.

바티칸의 스위스 근위병들이 사용하고 있는 긴 창을 제작하는 곳이 톨레도이다. 성안엔 약 8만3천 명이 살고 있는데 톨레도 주위엔 타호강(rio Tajo)이 흐른다. 타호는 반으로 자른다는 의미라 한다. 즉 이베리아 반도를 이 강이 반으로 나누는 데서 강 이름이 붙여졌다고 한다.

우린 10시에 에스컬레이터를 타고 톨레도 성으로 올랐다. 건축에 아랍인들의 스타일이 가미된 '무대하르' 양식의 성당이 나온다. 이어서 어린 여학생들에게 라틴어와 예절 등을 가르쳤다는 귀족 여학교도 나타났는데 지금은 박물관으로 쓰인다고 한다. 이 건물은 아빌라에서 많이 보았던 붉은 벽돌을 사용한 전형적인 스페인 건축 양식의 건물이었다.

그리고 카스티야-만차 중앙대학교 법대를 지나쳐서 옆 골목으로 내려가니, 드디어 스페인의 수석본부 성당인 톨레도 대성당이 나타난다. 이곳보다 남쪽에 위치한 나바로토레스에서 벌어졌던 치열한 전투에서 무슬림에게 그리스도교도들이 이겼는데, 이를 기념하여 1221년에 부르고스와 이곳 톨레도에 대성당을 세우는 기초공사에 들어갔다.

그런데 재정조달 등 여러 가지 사정으로 인해 공사 진행에 차질이 생겨서 완공하는 데에는 착공한 지 300년이 넘게 걸렸다 한다. 그래서 성당엔 고딕 양식은 물론 르네상스 양식도 있고 바로크 양식도 들어있었다.

대성당 정면에 있는 세 개의 문은 각각 지옥의 문, 용서의 문, 그리고 심판의 문이다. 10시 30분에 현지 가이드와 함께 성당 옆문을 통해 입당하였다.

대성당에 들어가 보니 성모님과 제자들이 조각되어있는 옆문 벽엔 크리스토폴 성인화가 크게 장식되어 있었다. 중앙제대 뒤로는 스페인 특유의 프레스코 기술로 후안데에아르가 만든 정교한 장식 조각물들이 벽 전체를 장식하고 있었는데, 이것은 예수님의 생애를 조각한 것이었다. 그 벽을 자세히 들여다보니 벽의 위쪽 부근엔 승천하는 예수님의 발바닥만 보이는 조각물도 있었다. 이를 찾으면 행운이 온다고 하는데 난 아쉽게도 여기서도 자력으로 그것을 찾지 못하였다. 오늘 복음 말씀처럼 난 친구들의 도움 없이는 자력만으론 주님께 다가갈 수 없는 환자가 된 느낌도 들었다.

제대 앞쪽엔 성무일도를 코러스로 하는 수사사제들이 앉았을 성가대석이 있었다. 넓은 공간을 차지하고 있는 성가대석엔 사랑스런 성모님 조각도 보였고, 호두나무로 정교하게 조각하여 아름답게 꾸며낸 의자들도 많이 배치되어 있었다.

중앙제대와 성가대석 사이 천정엔 나르시스 토르메스가 그의 아들과 함께 10년이 넘게 걸려 완성시킨 트란스파란테(투명)라는 조각품이 제대를 화려하게 장식하고 있었다. 그 주제는 나바로토레스 종교전쟁의 승리 이야기를 담고 있는데, 성당의 둥근 천정을 뚫어 구멍을 내서 빛이 들어올 수 있게 만들었다. 그 빛은 중앙제대를 비춤은 물론 조각된 인물들에게도 전달되어 그 인물들이 보다 역동성 있게 생생하게 보일 수 있도록 설계되었다 한다.

당시 천정에 뚫린 구멍으로 이 조각가는 성당이 무너질 수도 있다는 질투 섞인 비난을 받았다 한다. 해서 나중에 추가로 구멍 밑에 기둥을 넣어 보완하고 이를 천국 가는 계단으로 명명하였다 한다. 창의력이 뛰어난 천재 예술가들은 당대에는 인정받지 못하다가 시간이 지난 후에야 제대로 평가받는 경우도 있었다.

이어서 무덤경당 크립타(cripta)로 내려가 보니 슬픔에 잠겨있는 성모님과 성 요한 등이 있었다. 그리고 그 앞엔 뼈까지 드러내 보이는 성녀 우슬라가 모셔져 있었다. 이 성녀는 공주이었는데 순례 갔다가 그만 훈족에게 잡혀서 그들로부터 강제결혼을 강요받았지만, 신앙을 지키며 순교했다 한다.

이어서 엘 그레코(El Greco)도 성당에서 만났다. 크레타섬에서 태어난 그는 필리피 2세 때 37세에 스페인에 들어와 1년 후부터 본격적으로 활동했었다. 성화를 많이 그렸던 그는 작품의 독창적인 특징으로 당대엔 비판을 받기도 하였지만, 예술에서 이상과 사상을 진지하게 표현하고 있어서 많은 현대 예술가들에겐 롤모델이 되기도 하였다.

아내가 수년 전 성지순례 가서 여기서 사온 복사본의 진본, 엘 그레코의 '베드로의 눈물(Tears of Saint Peter)'도 반갑게 이 성당에서 접하였다. 베드로가 회개하고 있는 감동의 눈물 속엔 회한의 감정이 녹아 있었다. 가슴으로 모아진 두 손과 촉촉이 젖은 두 눈으로 하늘을 바라보며 용서를 청하고 있는 베드로 얼굴 모습이 강렬하고도 생생하게 내 가슴속으로 파고들었다.

또 엘 그레코가 그린 대형그림 '그리스도의 옷을 벗김(The Disrobing of Christ)'에선 그리스도께서 못 박히시기 전 잔인하게 괴롭히는 사람들에게서 받는 고난과 압박을 그리스도의 얼굴에 담아내려고 애쓴 흔적도 보였다.

이어서 가이드가 보물실로 안내한다. 속으로 난 이 모든 것들이 엄청난 보물인데, 이것들 말고 또 보물실이라니! 그게 도대체 무슨 말인가 하며 의아하게 생각하고 있었다. 그런데 가서 보니 그건 액면 그대로 진짜 보물이었다. 그 보물은 약 200킬로그램의 금과 은을 사용하여 만든, 고딕 양식의 뾰족탑 모양을 하고 있는, 엄청나게 무거운 커다란 성체현시대(Custodia)였다.

그 장식 한가운덴 동그란 성체함이 있는데, 그 성체함은 콜럼버스가 신대륙에서 가져와 이사벨 1세 여왕에게 바쳤던 16킬로그램의 금을 사용해서 만들었다고 한다. 신심이 깊은 여왕은 콜럼버스가 바친 금 전체를 이 성체함을 만드는데 기증하였던 것이다.

이 보물은 성체성혈대축일 미사 때만 행렬에 동원되어 공개된다고 한다. 이 행렬엔 수많은 지원자들 가운데 100명을 뽑아 똑같은 무게를 지닌 모조품을 가지고 행사 전에 40일간 훈련을 시켜서 당일, 이 보물 성체현시대를 들고 톨레도성안 주요거리를 걷게 되는데, 그 행렬은 매우 감동적이라 한다. 오랜 천주교 전통을 지닌 도시에서만 볼 수 있는 종교와 문화가 함께 어우러지는 훈훈하고도 아름다운 전통이라는 생각이 들어, 이런 축제를 지니고 있는 톨레도가 내심 무척 부러웠다.

마지막으로 난 엄청나게 크고, 천사들로 아름답게 장식된 부활절 촛대(easter candleholder)를 보고, 기도도 잊은 채 대성당을 빠져나왔다. 성당을 봤다고 하기보단 엄청난 보물들을 성당이란 형태의 건물을 지어 진열해 놓은 박물관에 들어갔다 나온 느낌도 들었다. 그 숲을 제대로 파악하지도 못한 채 나무 몇 그루만 조금 들여다본 느낌이었다.

이번 성지순례에서 어디서나 성지에선 시간이 충분치 못하여 아쉬웠지만, 여기 톨레도 대성당에선 특히 더 그러하였다.

이어서 우린 근처 성 도마(San Tome) 경당으로 갔다. 여긴 오르가즈 백작이 유언으로 재산을 희사하여 지은 경당인데, 그레코의 최고의 걸작품 '오르가즈 백작의 장례식'이 있었고, 그 경당 아래는 실제로 오르가즈 백작이 묻혀있다고 한다. 이 그림은 1323년 엘 그레코가 47세에 그린 것인데, 완성되자마자 당시엔 많은 비난을 받았고, 결국 엘 그레코는 이곳 유대인 마을에서 쓸쓸히 생을 마감했다고 한다. 처음에 이 작품은 딴 곳에 보관되어 있었는데, 엘 그레코가 인정을 받으면서 비로소 여기에 전시되게 되었다고 한다.

성 도마 경당을 빠져나와 식당으로 이동하는데 계속 성당들이 나타났다. 그중에는 예수회 성당도 보였다. 그 성당 정문 위엔 이냐시오(Ignatius) 성인과 보르지아(Borgia) 성인의 부조도 있었다.

점심 후 소꼬도레 광장을 가로질러 아랍식 아치를 지닌 피의 문(Arco de la Sangre)을 지나니 세르반테스가 나타났다. 세르반테스 동상을 뒤로하고 성 밖으로 나와 성벽 길을 따라 한참을 걸어서 내려오니 성 바오로 사원(Saint Paul's Monastery) 유적지가 나온다. 그 근처에서 1시 반에 버스에 올라 톨레도를 떠나 마드리드로 향했다.

마드리드에 들어와서 소피아 박물관과 아토차(Atocha) 기차역을 지나니, 버스는 곧 프라도 산책로 예술의 거리로 진입한다. 200년 전 이곳엔 프라도 미술관과 성 예로니모 성당만 있었고, 나머지는 목초지인 프라도였다 한다.

1819년에 개관한 마드리드 프라도 박물관(Museo del Prado)은 올해로 개관 200주년을 맞는다. 피카소 같은 현대 작가의 작품들은 모두 그 근처에 있는 소피아 현대박물관에 소장되어있어 프라도 박물관에선 볼 수가 없었다.

프라도엔 회화 8000여 점과 조각 800여 점이 소장되어 있었는데, 우린 안내에 따라 회화작품 약 50점을 수박 겉핥기식으로 보았다. 엘 보스코(El Bosco)의 '유혹(The Temptations)'은 세 폭으로 되어있는데, 가운데 폭엔 옷 벗고 쾌락을 일삼는 숱한 사람들이 그려져 있었다. 이는 거꾸로 돌아가는 세상을 표현한 것이라 한다. 또 오른쪽 폭엔 지옥의 상태를 표현했으며, 왼쪽 폭은 본 적이 없는 세상을 표현한 것이라 한다. 16세기 초에 그린 난해한 트리프티카(triptych) 그림을 겉으로만 보았다.

또 다른 triptych는 엘 비에호(El Viejo)가 16세기에 그린 '세례자 요한과 복음사가 요한'이었다. 왼쪽 폭엔 헤롯 안티파스에게 목 잘리는 세례자 요한이, 가운데 폭엔 세례자 요한에게 세례 받으시는 예수님이, 그리고 오른쪽 폭엔 이 광경을 지켜보는 복음사가 요한이 그려져 있었다.

이 그림을 보면서 나도 복음사가 요한처럼, 그리고 화가 엘 비에조처럼 예수님 생존 당시로 돌아가 예수님과 예수님의 활동행적들을 생생하게 그려 볼 수 있었으면 참 좋겠다고 생각하였다.

아주 오래전에 프랑스 루브르 박물관에서 본 모나리자 그림도 여기 프라도 박물관에 있었다. 여기에 있는 '모나리자'는 다빈치가 아닌, 그의 제자들이 그렸던 것으로 추정된다는데, 그 그림의 배경에는 톱니산이 나타난다. 일부 스페인사람들은 그곳이 몬세라트였을 것으로 추정한다고 한다.

엘 호벤(El Joven)의 17세기 작품, '세례자 요한의 목 잘림과 헤롯의 연회(The Beheading of Saint John the Baptist and Herod's Banquet)'도 아름다운 선으로 처리된 바로크 시대 작품인데, 그림이 무척 커서 벽면 전체를 덮고 있기도 했지만 내 눈에 잘 들어왔다. 아마도 관련 성경 내용이 잘 알려져서 그런 모양이다.

'아담과 이브(Adam and Eve)'라는 그림은 원래 티스라노(Tizrano, 1485/90~1576)의 작품인데 루벤스(Rubens, 1577~1640)가 따라서 그린 그림이 함께 전시되어 있었다. 티스라노의 인물들은 뚱뚱한데 비해서 루벤스에선 인물들이 날씬하게 표현되고 있었다. 원근

법이 두드러지게 나타나는 틴토레토(Tintoretto)의 '세족례(The Washing of the Feet)'도 보았고, 의자에 앉아 있는 성모님과 그 앞에 서 있는 아이 예수님을 예쁘게 표현한 '의자의 성모님(The Virgin of the Chair)'도 흥미롭게 다가왔다.

티스라노는 찰스 5세와 그의 아들 필리피 2세를 실물과는 다르게 미남으로 표현해냈으며, 디에고 벨라스케스(Diego Velasquez, 1599~1660)는 궁정화가로 말탄 필리피 3세도 그렸고, '시녀들(Las Meninas)'이란 작품에선 공주, 난쟁이, 공주의 사촌 언니들, 그리고 벨라스케스 자신 등 그림 속 인물들이 우리 눈을 쳐다보고 있는 살아 숨 쉬는 작품을 그렸는데, 이는 '우리가 당신을 보고 있다. 신 앞에서 우린 똑같다.'란 메시지를 던져주는 것이라 한다. 그리고 이 작품은 입체주의의 시작을 알리는 것이라 한다.

고야(Francisco de Goya, 1746~1828)의 작품, '찰스 4세의 가족(The Family of Charles IV)'에선 인물들을 실제적으로 표현해냈는데, 그 속엔 고개를 뒤로 돌려 얼굴이 보이지 않는 여자도 있었다. 맞아드릴 미래의 며느리라고도 보이는데, 당시 쇠퇴되고 있는 빈약한 스페인의 모습을 표현했던 것이라 한다. 한국에선 패러디로 유명해졌던 '옷 벗은 마야(The Naked Maja)'는 없었고, 대신 똑같은 구도의 '옷 입은 마야(The Clothed Maja)'가 있었다.

그 밖에도 고야의 'The Drowning Dog', 'Saturn', 'Two Old Men', 그리고 'Executions' 등을 감상하였는데, 이 그림들은 그 톤이 우울해서 개인적으론 내 취향은 아니었다.

박물관을 떠나기 전 박물관 안 카페에 들러 잠시 휴식을 취하고, 4시 15분에 스페인 도심 중앙으로 나갔다. 버스에서 내려 스페인 광장(또는 돈키호테 광장)으로 가서 돈키호테 조각을 보았다. 돈키호테와 산초가 함께 있었고, 그 뒤 탑 꼭대기엔 지구를 상징하는 공 아래 다섯 명의 사람이 책을 읽고 있다. 이는 오대륙 전 세계에서 세르반테스의 돈키호테가 읽히고 있음을 나타내주고 있는 것이다.

공원 뒤쪽엔 엄청나게 큰 건물이 중국회사 화웨이(Huawei)에서 사드려 리우 호텔 앤 리조트(Riu Hotels and Resorts)로 리모델링하고 있었다. 마드리드에서 중국의 힘을 다시 한번 목격할 수 있었다.

이어서 큰길(Gran Via)을 걸어서 태양의 광장(Puerta del Sol) 쪽으로 걸어갔다. 도중에 뮤지컬 극장을 지나는데, 사람들이 매표하려고 길게 줄을 서 있었다. 뮤지컬 '라이온 킹'이 10년째 공연 중이라 한다. 가는 도중 삼성전자 광고판도 보이는데 무척 반가웠다. 기업이 애국자이다. 기업들이 하는 것 반도 못 따라가면서 잘한다고 칭찬하고 도와주기는커녕, 어떻게든 흠집만 내려는 일부 정치권이 못마땅할 때가 많다.

솔 광장에서 무장한 채 말을 타고 있는 이사벨 2세도 만나고 매자나무 밑 곰돌이 조각상도 보았다. 잠시 자유시간엔 마요르 광장(Plaza Major)도 걸어가 보았다.

금요일 오후 마드리드에서 산책을 마치고, 한 한국식당에서 저녁을 하고, 궁전 앞을 통과해서 숙소로 돌아왔다. 한 시간 동안 호텔카페에 모여 헌신적으로 순례를 이끌어 주신 심 신부님께 감사드리고, 또 회장단 알베르또 형제와 콘스탄티노 형제에게 고마움을 표하며, 와인과 커피로 순례의 마지막 밤에 아쉬움을 달랬다. 무사히 순례를 마칠 수 있게 보살펴 주신 주님께 감사드린다.

"성인들과 함께 주님께로 나아가는 여행, 스페인 "

제33장 다시 고향으로

"19. 1. 19. (토) 맑음

다음에는 산티아고 순례길도 걷고 싶다

심 신부님 방에서 7시 반에 순례에서의 마지막 미사를 토요특전미사로 드렸다. 루까 신부님은 순례를 마치고 고향으로 돌아가는 새벽에 기쁜 마음으로 미사전례에 참여하고, 각 가정에 가족 구성원들의 건강과 더불어 자녀들의 학업 증진 등의 은총을 요청드리며 이 미사를 봉헌하자고 초대하셨다.

"예수님의 기적 이야기, 가나에서의 기적은 요한복음에 나오는 이야기입니다. 창세기가 '한 처음에 하느님께서 하늘과 땅을 창조하셨다.'로 시작되는데 요한복음도 '한 처음에 말씀이 계셨다.'

로 시작되는 창조의 이야기가 나옵니다. 이어서 요한복음에서는 이튿날, 이튿날, 이튿날, 그리고 사흘째 되는 날로 표현되는데, 계산해보면 결국 성모님은 예수님과 함께 일곱째 날에 잔치에 참석하셨던 것입니다.

구약성서에서는 하느님께서 일곱째 날에 쉬셨다고 얘기합니다. 물항아리 6개는 불완전한 숫자인데 물을 포도주로 바꾸면서 동시에 유대교회의 불완전한 모습이 완전한 모습으로 변화되는 것입니다. 예수님께선 '아직 제가 때가 되지 않았습니다.'하고 말씀하셨는데, 어머니께서 요청하자 기적이 일어났습니다. 이는 하느님께서 계획하셨던 구원의 타임테이블을 성모님께서 앞당기셨음을 의미하기도 합니다.

이는 실로 놀라운 일입니다. 성모님께선 구원시간을 앞당기실 정도로 하느님과 밀접한 관계를 지니셨으며, 그만큼 하느님과 잘 통하십니다. 그러므로 우리가 성모님을 통해서 주님께 간절히 청하면 도와주실 수도 있다고 생각합니다. 늘 어려운 일이 있을 땐, 또 세속적으로 도움이 필요할 땐 너그러우신 성모님께 겸손하게 도움을 청하시기 바랍니다. 그분께선 들어주실 것입니다."

10시에 호텔을 출발하여 공항으로 향했다. 교통흐름이 원활하여 15분 만에 도착했다. 정식명칭은 Aldolf Suares Madrid—Barahas 공항이다. 작년에 타계한 이 나라 대통령 이름을 따서 명명되었단다. 전직 대통령이 존경받는 스페인이 부럽다는 생각을 갖고 출국 수속을 마쳤다. 전직 대통령이 감옥에 갇히고 존경받기는커녕 지탄받는 국가의 국민이라는 생각에 위축감을 느끼면서.

이런 생각을 하면서 공항에서 일지를 쓰는데 손녀딸 소피가 페이스타임을 한다. 마침 소피는 봄학기 수강을 하려고 지금 인천공항에 나가서 미국행 비행기를 기다리는 중이었다. 손녀딸은 대학 가서 한 학기를 지내고 한 달 전에 들어왔는데, 그간 부쩍 성장하였다. 이점 또한 주님께 감사드린다. 아울러 성모님을 통하여 주님께 청한다. 우리 소피가 새 학기도 학업을 잘 마칠 수 있게 이끌어 주시길 간절히 빈다고.

우린 마드리드에서 2시간여를 날아서 독일 프랑크푸르트 공항에 내렸다. 다시 2시간여를 기다려 인천행 비행기에 몸을 싣는다. 인천공항으로 들어오면서 다시 한번 순례의 기억을 되살렸다.

우선 은총 많이 받는 순례를 허락해 주시고 무사히 마치게 해 주신 주님께 감사드렸다. 그리고 매일 미사를 드릴 수 있었음에 루까 신부님께도 고마운 생각이 들었다. 신부님은 강론을 통해서 순례자들의 마음가짐을 잡아주셨다. 해서 우린 매일매일 은총 받는 하루하루로 이어갈 수 있었다.

둘째, 성지와 성당을 순례하면서 성인들의 삶을 들여다보면서 그분들을 본받아 그리스도인으로서 어떻게 살아야 하는지를 깊이 깨달을 수 있는 은총의 시간을 가졌다. 특히 앞으론 좀 더 하느님을 삶의 중심에 모시고, 이타적인 삶을 살 수 있었으면 좋겠다고 생각했다.

셋째, 스페인 국토회복운동의 중심엔 가톨릭교회가 있었음을 보았고, 스페인 국민들이 자신들의 국가에 대한 자긍심이 높다는 사실도 알 수 있었다. 물가도 우리나라에 비해서 낮은 편이었다.

넷째, 역사와 문화와 축제의 중심에는 그리스도교가 있었다. 가령 빌라르 축제가 그렇고 톨레도의 성체성혈 대축일에 성체현시대를 들고 성안을 행렬하는 축제가 그렇다. 더 나아가 삶의 중심에는 항상 그리스도가 계셨다. 오랜 기간 동안 성당을 짓는 것도 그리스도에 대한 봉헌행위였다.

마지막으로 왜 스페인이 이스라엘과 이태리와 더불어 세계 삼대 성지인지를 알 수 있었다. 그리고 앞으로 기회가 된다면 나라 전체에서 그리스도를 느낄 수 있는 성스러운 이 땅 스페인에서 산티아고 순례길도 걷고 싶다.

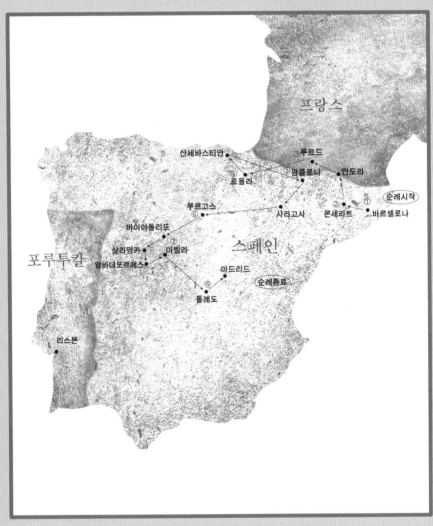

프랑스

산세바스티안
④루르드
⑤팜플로나
안도라
로욜라
순례시작
부르고스
②
①
⑥
사라고사
몬세라트
바르셀로나
바이야돌리드
스페인
살라망카
⑦
아빌라
알바데또르메스
마드리드
톨레도
순례종료
⑧
포루투칼
리스본

▶ 스페인 성지순례 루트

■ 국내

내쇼날항공여행사, 「가톨릭 성지순례」, 2019.

크로바 여행사, 「가자! 성서의 땅을 찾아서」, 2018.

김형찬, 「땅 위에는 하늘을 담은 곳이 있다」, 2009.

송봉모, 「광야에 선 인간」, 1998.

송봉모, 「일상도를 살아가는 인간」, 2001.

송봉모, 「예수 – 탄생과 어린 시절」, 2013.

송봉모, 「예수 – 새 시대를 여심」, 2015.

송봉모, 「예수 – 우리의 발걸음을 아빠 하느님께로」, 2019.

심종혁, 「영신수련의 신학적 이해」, 2009.

예수회 한국관구 옮김, 「로욜라의 성 이냐시오 자서전」, 2011.

윤동주, 「하늘과 바람과 별과 시」, 2017.

한국천주교주교회의, 「성경」, 2005.

■ 국외

The World Zionist Organization, "120 yerars of Zionism", 2018.

Cano, C.N., "The Tears of ST. Peter : Sacristy of Toledo's Cathedral", *Revista Cathedral de Toledo*, 2018.

Matin, James, S.J., *My Life with Saints*, 2006.

Matin, James, S.J., *The Jesuit Guide to (Almost) Everything*, 2010.

Matin, James, S.J., *Jesus : A Pilgrimage*, 2014.

Murphy - O'Connor, Jerome, *The Holy Land : An Oxford Archaeological Guide*, 2007

― 맑은나루는 (주)샘앤북스의 단행본 브랜드입니다. ―

예수님께 가까이
- 이태리, 이스라엘, 스페인 성지순례 일기 -

초판 발행 2020년 2월 1일

글쓴이 · 김순기
발행인 · 이낙규
발행처 · ㈜샘앤북스
        신고 제2013-000086호
        서울시 영등포구 양평로 22길 16, 201호
        Tel. 02-323-6763 / Fax. 02-323-6764
        E-mail. wisdom6763@hanmail.net

ISBN 979-11-5626-251-0 03920

이 도서의 국립중앙도서관 출판예정도서목록(CIP)은 서지정보유통지원시스템 홈페이지(http:
//seoji.nl.go.kr)와 국가자료공동목록시스템(http://www.nl.go.kr/kolisnet)에서 이용하실 수
있습니다. (CIP제어번호 : CIP2020004055)

예수님께
가까이

사진첩

제 I 부 이태리   '17.2.1~2.10.

▶ 2017.02.02 폼페이

▶ 2017.02.03 란치아노

▶ 2017.02.03 성 지오바니 로톤도

▶ 2017.02.04 아씨시

▶ 2017.02.05 라벤나

▶ 2017.02.06 베니스 경관

▶ 2017.02.06 베니스

▶ 2017.02.07 피렌체 경관

▶ 2017.02.07 피렌체 다윗상

▶ 2017.02.08 로마 콜로세움

▶ 2017.02.08 로마

▶ 2017.02.08 바티칸

▶ 2017.02.09 로마

▶ 2018.11.10 텔아비브 공항

▶ 2018.11.11 가나

▶ 2018.11.11 나자렛 성모 영보기념 대성당

▶ 2018.11.12 갈릴리 진복팔단성당

▶ 2018.11.12 갈릴리호수

▶ 2018.11.13 바니아스

▶ 2018.11.13 타볼산

▶ 2018.11.14 요르단 안자라

▶ 2018.11.15 느보산 모세 기념성당

▶ 2018.11.15 마케루스

▶ 2018.11.16 페트라

▶ 2018.11.17 모세의 샘 와디무사

▶ 2018.11.18 사해

▶ 2018.11.18 요르단강

▶ 2018.11.19 아인커렘 성모 방문성당

▶ 2018.11.19 예루살렘

▶ 2018.11.20 베들레헴 예수 탄생성당

▶ 2018.11.20 십자가의 길

▶ 2018.11.20 예수무덤성당

▶ 2018.11.21 통곡의 벽

▶ 2019.01.11 바르셀로나

▶ 2019.01.12 몬세라트

▶ 2019.01.13 루르드

▶ 2019.01.14 로욜라

▶ 2019.01.15 하비에르성

▶ 2019.01.16 부르고스 대성당

▶ 2019.01.17 아빌라의 성녀 테레사

▶ 2019.01.18 톨레도대성당 베드로의 눈물

▶ 2019.01.18 톨레도 대성상 트란스 파란테

▶ 2019.01.19 마드리드 돈키호테상